子どもの心と頭をきたえる

親子あそび

松本短期大学幼児保育学科教授

柳澤秋孝

新紀元社

はじめてわが子を抱いた瞬間、何を思いましたか？
「生まれてくれてありがとう」
「元気な子に育ってくれればそれでいい」と、
純粋に喜びをかみしめたことでしょう。
それが成長するにしたがって、
「危ないことはさせたくない」
「おとなしいほうが手がかからなくてラク」なんて、
考えるようになってはいませんか？
子どもは親の思いを敏感に感じとるものです。
元気で活発な子どもになってほしかったら、
まずはあなたが動くことを楽しみ、
動く楽しさを子どもに伝えていきましょう。

よくあそぶ元気な子になるのは あなたしだい。

prologue

「うちの子は運動が苦手だけれど、
私も苦手だからしかたない」
と信じていたらそれはウソ。
生まれつき運動の苦手な子はいません。
生まれたあとの環境で子どもは変わるのです。
「元気な子」。それは動ける子です。
動ける子はどんどん動き、さらに動けるようになります。
そしてどの子もそうなれるはずなのです。
それも、楽しくあそぶだけで！
本書ではそれをあなたの家庭でも実践できるように
まとめました。

体を使った「あそび」によって脳を刺激し、
心を成長させるしくみが解明されてきました。
しかし、それはスポーツクラブに入れたり、
習い事をしたりして育つものではありません。
楽しく動いて「できた！」という喜びを感じることで

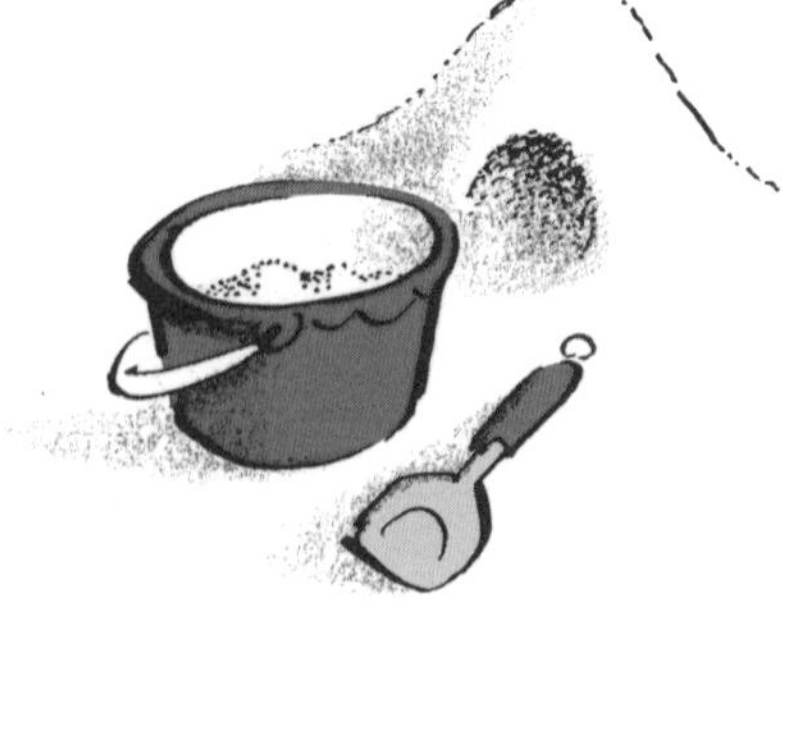

prologue

心は成長していくのです。
楽しく、しかもちゃんと「できる」ように。
そのためのプログラムをつくって
保育園や幼稚園で実践してもらったところ、
たしかに心の成長が認められました。
落ち着きがでて、人の話をきちんと聞く、
そして何かするときの集中力と積極性。
あきらかに変化が見えたと保育士さんたちに喜ばれました。
客観的に見ても、
脳の働きを調べるテストでも、結果がよくなりました。
もちろん、運動能力も向上しています。
これが「あそび」の効果なのです。

あそびは子どもの心を成長させる。

育児はとても体力を使うものです。
それでも産後、
体型を気にするお母さんが多いのはなぜでしょう？
育児は体力を使いますが、意外と動きは少なかったりします。
たとえば子どもを抱っこする時、
重いものをずっと支える力は使いますが、
筋肉は負荷に耐えるだけであまり動いていません。
これでは筋肉が凝り固まり、疲れがたまるだけです。
精神的にもストレスがたまってはいませんか？
疲労とストレスがたまると人間はつい食欲に走りがちです。
体を動かすことで筋肉はほぐれますし
ストレスも解消できます。

お母さんもあそんで
心も体もリフレッシュ！

「小さな子どもとあそぶだけで？」なんて軽く考えずに、
いっしょに動いてみてください。
ふだん動かしていない筋肉が動くのを実感できます。
筋肉が動けば代謝がアップしてエネルギーが消費されます。
気分も晴れて、子どもも喜び、シェイプアップも！
さあ、考えるだけで楽しくなってきたでしょう。

親子であそぶことのいちばんのメリットは
自然にスキンシップがはかれるということです。
もしもあなたが子どもを早く自立させようとして、
ひとりで歩かせたり、別々に寝ているとしたら、
ちょっと待って。
子どもは、親と肌を合わせることでいちばん精神が落ちつきます。
あなたも子どもの頃、病気やケガをした時、
額に手を当てて熱を調べたり、

痛いところをなでてもらったりしただけで
ちょっと落ちついたという記憶はありませんか？
子どもをきちんと自立させるためには、
逆に小さい時はもっとべたべた甘えさせるくらいでいいのです。
もちろん、ダメなことはダメというしつけは必要ですが。
親がいつでもそばにいてくれるという
安心感を持って育った子どもは
自信を持って、自立していけるから。
とくにふだん忙しくて子どもと接する時間が少ないお父さん。
体を使うあそびはお父さんの絶好の出番です。
体を使い、触れ合い、
子どもとたくさんあそんでください。

もっともっと子どもと スキンシップを。

もくじ

第1章

あそびを考える

親子であそんでいますか？

現代は「あそべない子ども」が増えている!?

これからお話しする「あそび」とは、体を動かしてあそぶ「あそび」のことです。現代はテレビ、ビデオ、テレビゲームなど、家の中でスイッチを入れるだけで楽しめるものがたくさんあります。見ているだけで刺激もあって、子どもたちが夢中になってしまいやすいものです。

では、家の外はどうでしょう。道路は車が最優先。公園に行くまでにも危険がたくさんあり、いざ公園に着いても「安全のため」と、規制が多くて子どもが自由にあそべないところが増えています。また、最近は子どもが犠牲になるさまざまな事件も増えているので、子どもだけで外に出すことをためらってしまいがちです。

かといって、毎日子どもにつきそって公園で何時間も過ごすのは大変だと考える大人も増えているように感じます。家の中でおとなしく座っていてくれたら、その間は自分のしたいことができるのですから。

安全な家の中で、向こうからおもしろさを与えてくれるテレビやゲームを楽しむ。赤ちゃんの頃からそうやって育った子どもが、体を動かしてあそぶ楽しさを知らなくてもしかたありません。子どもは経験していないことはできないのです。そうして、体を動かしてあそぶ楽しさを知らないまま大きくなる子どもが増えることに、ちょっと危機感をおぼえてしまいます。

「運動音痴」は遺伝じゃない

先ほど述べたように、子どもは経験し

子どもたちの運動量の変化

保育園内での子どもたちの身体活動量を調査するために、園児たちに歩数計をつけて1日（午前9時〜午後4時）の歩数を計測したもの。岡山県の倉敷市立短期大学（当時）の前橋明教授（現・早稲田大学教授）が1980〜2000年までの20年間にわたり調べたデータ。

『これならわかる教育改革』（NHK「教育フォーカス」制作班編／KTC中央出版）より引用

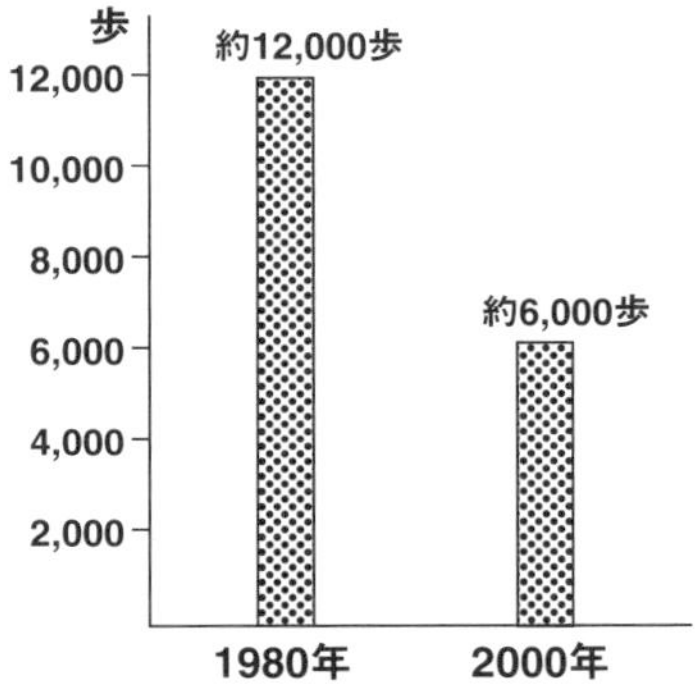

ていないことはできません。「歩く」「走る」「ジャンプする」と、言葉ではひとことですみますが、体の動きを細かく見ると、いろいろな部分がさまざまな動きをして体全体が動くのです。それぞれの動きの中に経験していない動きがあると、うまく動けなかったり、こわく感じてしまうこともあります。ふだん体をたくさん動かしてあそんでいる子は、自然にいろいろな動きを経験しているので、さらにどんどん動ける。動けるから楽しくて、また動こうという意欲が生まれる、と発展していきます。

一方、ふだんあまり動いていない子どもは、動きそのものに慣れていないので、慎重になったり、感覚をつかめずに失敗したりすることもあり、それが3～4歳を過ぎると苦手意識となってしまうことがあります。

よく、お父さんやお母さんが「私が運動が苦手だから、この子が苦手でもしかたない」と言うことがあります。でも、赤ちゃんは白紙の状態で生まれてきます。活発に動く大人がそばにいれば、その子は動くことが当たり前と思って育ちますし、静かな生活を好む大人に育てられれば、あまり動かないことを当たり前として育ちます。自分が運動が苦手と思っているお父さんやお母さんは、ふだんの生活も静かな傾向があるのではないでしょうか？

赤ちゃんは周りの人々に影響されながら、経験を積んで大きくなります。親が運動は苦手と思っていても、小さなうちから動く経験をたくさん積めば、動ける体に成長する可能性は大です。子どもは「できる」経験をすると、そのことが好きになります。好きになれば「もっと上手になろう」という意欲が生まれます。

最近は、この「意欲」の少ない子どもや若者が増えているような気がしてなりません。小学生や中学生になってから、言葉で「意欲を持て」と言われても、子どもはどうしたらいいのかわかりません。そんな理屈よりももっと小さいうちから、「できる」「もっとやりたい」という気持ちを、体験的に育てていきたいものです。

「習い事」でいいですか？

「私は体を動かすことが苦手だから」「どうせやるなら、プロの指導のほうが効果的なのでは」と、スクールや習い事に通わせることを考えてはいませんか？　でも子育てをするのに、自分が苦手なことはさける、上手に早くという効率性を最優先するというのはどうでしょうか？

子どもは楽しくなければ動きませんし、安心感がないと動けません。ですから、ようやく歩けるようになったかならないかという赤ちゃんを、プロだからと他人にまかせたところで赤ちゃんが動くことが好きになるとは限らないのです。

子どもがもっとも安心感を持てる相手、親であるあなたがまずいっしょにあそんであげましょう。無条件に楽しく、ほめられた時にいちばんうれしい相手、それは親なのですから。体を動かすことへの苦手意識は捨てて、いっしょに動いてあそんでみましょう。案外大人もはまってしまって、汗をかくほど動いていたということもありますよ。

なにより、子どもが楽しんで、何かができて、とてもいい笑顔を見せる時、その相手が自分以外の人だとしたらもったいないじゃないですか。親の醍醐味を味わえるいい機会です。

早すぎる自立を望むのは逆効果

近年、子育ての閉塞感が問題になっています。密室育児でお母さんがノイローゼになり、それが幼児虐待へ発展してしまうという悲しい話もあります。そこまではいかないにしても、24時間いっしょに生活し、子どもの世話に追われていると、ついつい「早く大きくなって、ひとりであそんでくれないかしら」「少しは自分の時間を持ちたい」と思ってしまう気持ちはわかります。

しかし、子どもは離れていく時には親が引き止めようとしても離れていくものです。それを急いで、ひとりであそんだり、親から離れることが自立だと突き放すことは、逆にいつまでも精神的な自立ができないのではないかと考えます。

子どもは、10歳を過ぎると親よりも外の世界への興味が強くなるものです。それまではちょっと甘えん坊のようでも、お母さんにべったりでもいいのではないかと思います。仕事柄、これまでたくさんの子どもを見てきましたが、小さいうちに十分に親と関わった子どもは、自然に、でも精神的にしっかりと親離れしていきました。

子どもが9歳になるまで、何が何でもお母さんはいつも家にいて、いつでも子どものようすを見ていろというのではありません。でも、子どもがふと親を必要に感じてふり返った時には、かならず応えてあげられるような態勢を整えておきたいと思うのです。

もちろん、そんなお母さんを支えるお父さんやほかの家族の協力、社会的なフォローが必要なことはいうまでもありません。たしかに情報は多いのに、お母さんが孤立しやすい現代は子育てをするのに困難が多いと思います。子育てはお母さんひとりでするものではありません。

子どもが小さい時は「この状態がいつまで続くの」と思いますが、気がつくとあっというまに子どもは離れていってしまいます。子どもとあそんであげる、のではなく、子どもが自分とあそんでくれるのは今だけ、自分のやりたいことはほんの数年後にはいくらでもできるようになると考えて、数年間は子どもとの濃密な時間を楽しんで過ごしてみるのも悪くないのではないでしょうか。ほかの人には経験できない貴重な時間なのですから。

お父さんも子どもとスキンシップ！

日中は仕事のために家にいないお父さん。接する時間が短いだけに、子どものことがよくわかっていなかったり、子どもの成長に追いつけなかったりしていませんか？ 忙しいことを言い訳に、子どもの世話はお母さんにまかせっぱなしで、お休みの日でも子どもとあそぶことに尻ごみしているのでは？

そんなお父さんこそ、「子どもと体を使ってあそぶ」ことをしてみましょう。体を触れ合わせてあそぶことで、子どもの成長や感じ方を理屈ではなく感覚で感じとれます。

子どももお母さんとはちがった体の大きさや強さ、動きのダイナミックさに大喜びするはずです。お母さんが「危ないのでは？」と思ってしまうことも、お父さんはやらせてみることが多いようですし、子どもはまた新たな経験をすることができます。

子どもと半日外に出てみると、いろいろな発見があり、子どもとのコミュニケーションもばっちり！ そしてお母さんにも感謝されて、一石三鳥にも四鳥にもなることでしょう。

親が動けば子どもも動く

いっしょにあそぼうと誘っても、なかなか子どもがのってこない。そんなこともあると思います。ましてや、今まで経験したことのないことならなおさら、やる気になれなくてもしかたありません。まずは、大人が動いてみましょう。

「こんなあそびをすると、子どもの発達にいいらしい」と考えたりせず、「やってみよう。できるかな？」と自ら動いてみる。若いお母さんでも、子どもや学生の頃にくらべたら体が思うように動かず、「こんなはずじゃないのに！」と思うことがあると思います。そこで「おかしい！　できるはず！」とがんばったり、「やっぱり動くと気持ちいい！」と感じることができれば、子どもも「あんなにお母さんが一生懸命にやっているのはなんだろう？」と興味を引かれ、やる気になります。まずは大人が楽しくあそぶこと。これが大切です。

体を動かすのはテレビゲームより楽しい

テレビゲームはスイッチを入れるだけでかんたんに楽しめます。そして子どもの関心を引くようにつくられていますから、それらを好きな子どもが多いのもしかたのないことです。

ところが、体を動かしてあそぶ楽しさを知った子どもは、しだいにテレビゲームであそばなくなります。体を動かしてあそんだほうがずっと楽しいからです。これは、私自身の子どもにも、私が指導した園児たちにも、共通して見られた現象です。

時間があると「外に行こう！」と友だちに声をかける。ひとりがそうなると周りの子もその影響を受けて、どんどん外であそぶ子が増えてきます。幼児期以降は「体を使ってあそぶ楽しさ」のほかに、「大勢であそぶ楽しさ」もおぼえていきます。これは人生においても重要な体験となります。

とはいえ、大人がいきなり「子どもと体を使ってあそべ」と言われても、何をしていいのか迷ってしまうのではないでしょうか。まだ歩きはじめたばかりの子どもと、いきなりキャッチボールをするわけにもいきません。体を動かすといっても、どのくらい動くのか、動かせるのか……。

そんなお父さんやお母さんたちのために、本書では具体的なあそびを紹介していきます。もともと私は、幼稚園や保育園での幼児期のあそびの研究をしてきましたが、そのあそびを、家庭向けに、親と1歳以上の子どもたちが楽しくあそべるように発展させました。子どもの体の発達を踏まえ、その段階に合ったあそびを、親と触れ合いながら、かんたんにできるように工夫しました。めんどうな準備や道具はなるべくなくし、身の回りにあるものでできるようにしてあります。

1歳から、3歳からと年齢別にあそびを紹介し、3歳からに関してはある程度ステップを踏んでいく形で紹介しています。ただ、個人差はあるので、子どもが無理なく、楽しめそうなあそびからはじめても大丈夫です。使う道具も各家庭にあるもので代用してください。

あそんで体を動かせば自然にいろいろな筋肉が動きます。最初からむずかしい動きをさせようと思うと逆効果です。その時できる動きをくり返していれば、子どもはどんどん成長して、次々とステップアップしていきます。

できない動きがあった時は、ちょっと後戻りしましょう。それでその子の運動能力が劣っているなどということではありません。たまたま経験していなかっただけですから、ひとつ前の動きを経験すればそこからまた進むことができます。できないことを「どうしよう」と悩むのではなく、できたことをひとつずつ「やったね！」と喜ぶうちに、子どもはさまざまなことができるようになっていきます。

あそびが子どもの心と体を育てる

体を動かすあそびと脳の関係

運動学を専門とする私は、長年、幼稚園などへ通い、運動の指導をしながら子どもと関わってきました。子どもが好きな私は、幼児の運動学を研究したいと思いましたが、その当時（30年ほど前）は、「子どもは放っておけば動いてあそぶもの」「あそぶのが子どもの仕事なのだから、研究の対象にはならないのでは？」などと言われました。また、私自身もそれだけでは何かが足りないと思いはじめていたところでもありました。

「健全な精神は健全な肉体に宿る」という言葉がありますが、運動する体と精神、つまり心の働きは関連があるのではないかと考えたのはこの頃です。「心とは？」という疑問から脳科学に興味を抱き、精神生理学者で医学博士の寺沢宏次先生や、生理人類学者で脳システム論・脳ホルモンを専門とされる篠原菊紀先生とともに研究をはじめるようになりました。

あそぶことも運動することも、すべて脳が骨や筋肉に動くようにという指令を出して行っていることです。しかも、全身を動かすような大きな筋肉（大腿筋、大臀筋、背筋など）を使う動きを行う時は、より脳が活発に動きます。

人間の大脳は、前頭葉、頭頂葉、後頭葉、側頭葉などに分けられ、それぞれ役割分担があります。体を動かす「運動野」という分野は前頭葉の奥にあります。そして同じ前頭葉の前方には感情をコントロールする46野があり、運動野を刺激することでこの46野も活性化します。

前頭葉は、知性や人格など、「人間らしさ」を司る部分です。体を動かすこと

大脳の構造と役割

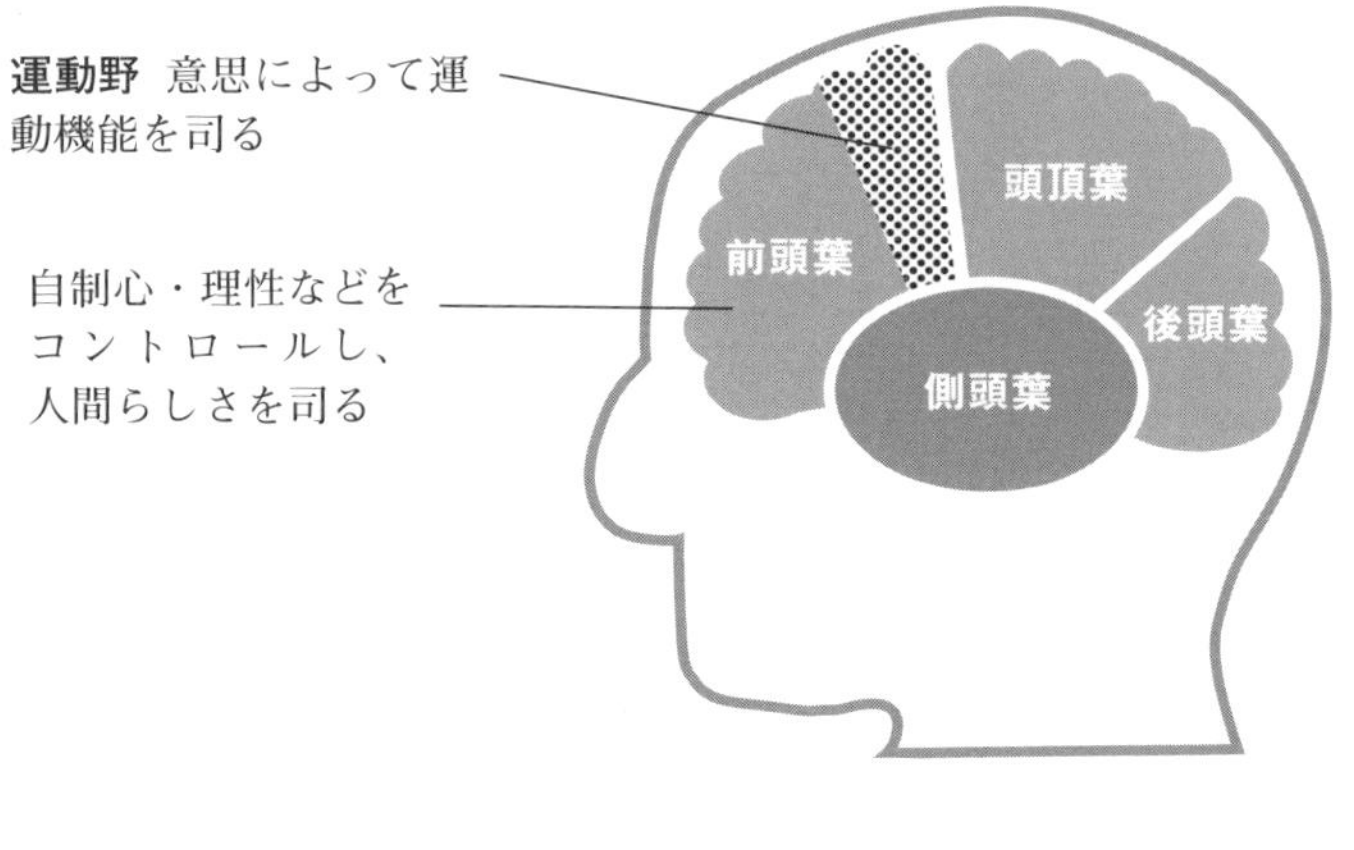

で人間らしさも成長するという、まさに「健全な肉体と健全な精神」の関連性がはっきりしてきました。

そして脳の発達は体のほかの器官よりも早く、8歳頃までに大人の脳に比較して90％くらいまで成長します。とくに脳の神経細胞と神経細胞をつなぎ、情報伝達を行うシナプス（脳神経細胞の結びつき）の増加は5～6歳頃にピークをむかえ、8歳までにほぼ終了すると言われています。運動による幼児期の脳への刺激がいかに大切かがわかると思います。

最近の30年間で子どもの脳が変わった!?

20年ほど前からでしょうか、「子どもたちのようすが変わってきた」と言われはじめました。背中が丸くなって机などにひじをついてあごを支えないとまっすぐに座っていられない、午前中ボーッとしたまま過ごす子が増えた、低体温の子が増えたなどです。生活のリズムが夜型になり、起床時間が遅く、朝食をきちんと摂っていないなどが、その原因としてあげられてきました。

さらに近年では、肥満傾向の子どもが増え、高脂血症の子どもも増えています。精神面でも、やる気がない、落ち着きがない、キレやすい子が増え、小学校に入学した直後は学級経営に苦労するという「小１クライシス」という言葉まで生まれました。

私たちは、このような子どもの変化の原因を調べるために、１９９８年と１９９９年に、３～15歳の子ども各５００名を対象に、大脳の活動を調べるGO/NO-GO実験（30ページ参照）を行いました。その結果を１９６９年、１９７９年のデータと比較すると、あることがわかりました。日本の子どもはこの30年間に、大脳活動の発達に遅れが見られるということです。かんたんに言うと、日本の子どもの脳は幼稚化が進んでいるということになります。とくにその傾向は１９６９年から１９７９年の間で顕著でした。

この10年間に日本の子どもに何が起きたのでしょうか。

１９７０年代、日本の家庭にはテレビなどの家電製品が増え、自動車の保有台数も飛躍的に伸びます。それまで外で自由にあそんでいた子どもたちは、しだいにあそぶ場所がなくなり、家の中であそぶようになります。この外あそびは、体を動かしてあそぶということのほかに、群れであそぶという大事

GO/NO-GO実験に見る子どもの脳の発達の変化

「GO/NO-GO実験」とは？

光刺激に対してゴムボールをにぎるかにぎらないかで大脳活動の発達を調べる実験法。「赤ランプはにぎる」(GO＝興奮)、「黄ランプはにぎらない」（NO-GO＝抑制）という約束事を決め、まちがいのパターンから前頭葉の働きを見る。

表A
活発型

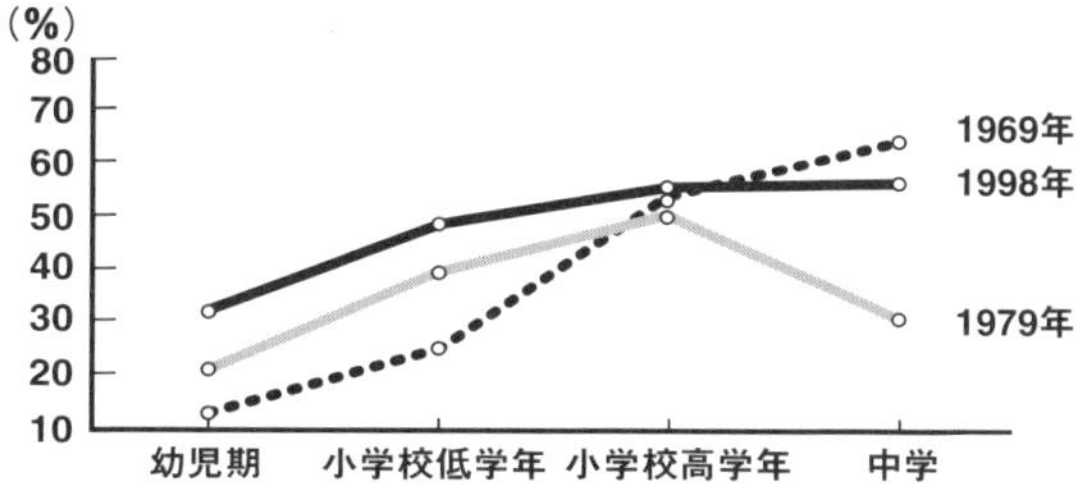

精神的なバランスがよい「活発型」の推移を表している。幼児期から徐々に増えていく理想的な曲線を描いていた1969年にくらべ、1979年では成長するに従い急激に下降している。中学校入学時には全体の7割近くが「活発型」になるのが理想だが、1979年はもちろん、1998年も「活発型」が7割を下っている。

表B
興奮型

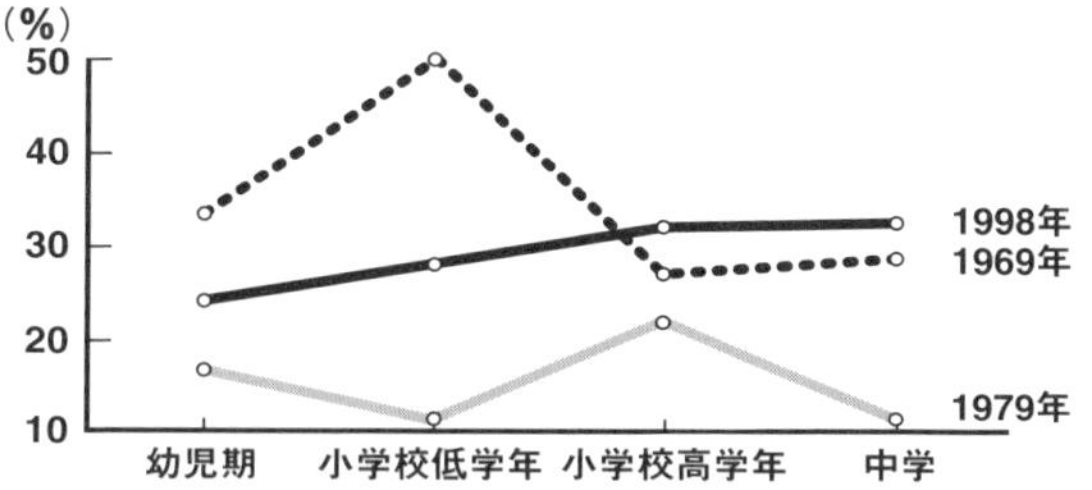

感情の抑制がきかない「興奮型」の推移を表している。脳が未発達な幼児期から小学校入学時にかけていったん増え、そこから徐々に減少していく1969年の曲線が理想。1979年の推移を見ると「興奮型」のピークが小学校高学年にきており、1998年になると、中学校入学時にピークがきている。子どもの脳の発達が年々遅れてきていることがわかる。

な役割がありました。群れであそぶことによって、子どもたちは自然に人間関係や、他人への思いやり、がまんすることなど、将来社会的に必要となる人間性の基礎を学んでいたのです。

そんな場が奪われ、テレビやゲームなど家の中でひとりでもかんたんに楽しめるものが増えた結果が、子どもの大脳の発達の変化という形に現れたのだと考えます。脳すなわち精神が未発達なままの子どもが思春期をむかえ、どんどん体だけは大きくなっていく。こういう事態を放っておいてはいけません。

達成感・やる気・集中力を育てる

さて、「子どもは放っておけば、勝手にあそぶ」と言う人がいます。はたしてそうでしょうか？ 子どもは自分が知らないことはできません。もちろん、自分で何かを見つけ出したり、創意工夫したりしてあそぶ子もいます。しかし、そういう子どもは、そういった素地ができているから自分から動けるのです。

外あそびで体を動かしたり、群れあそびをたくさんしていた昔の子どもたちならばそういう子が多かったと思います。でも現代の子どもはそういう環境にないのです。かといって、ただ「体を動かしてあそびなさい」と言っても、子どもはどうしていいのかわかりません。昔は必要のなかった「あそびの援助」が必要な時代なのです。

大人から見て本当にかんたんなことでも、子どもはできると大喜びします。たとえば、うさぎのようにジャンプする、それだけでもはじめて自分の足でできて、そばにいた大人が「すごいね〜。上手だね！」とほめてあげると、子どもはとてつもない達成感を感じます。そして「もっとやる！」という気持ちが芽生えます。

「もっとやりたい」を十分にすると、今度は「ちがうこともやってみたい」という意欲がわきます。そして「上手にできるようにするには？」と考えたり、集中したりします。この達成感や自分は「できる」という自己肯定感、意欲などが、現代の日本の子どもにいちばん欠けていて、必要なことではないでしょうか。

じつは、何かを達成した時、脳の中ではドーパミンやセロトニンというホルモンが分泌されます。これらのホルモンは「幸福ホルモン」とも呼ばれる、興奮や意欲を高めるホルモンなのです。これらのホルモンが分泌される機会を増やすことで、無気力感はなくなります。

キレない子どもを育てる

あそぶ時には「動く」だけではなく、「止まる」「ゆっくり動く」ということも必要になります。自分の体を抑制したり、コントロールするということです。また、群れあそびをすると、自然にルールが発生します。ルールがあるとみんなが楽しくあそべるけれど、自分の思い通りにはいかないこともあります。そして、それがさらに高度で楽しいあそびに発展します。

群れの中には気が合わずに、ついケンカになってしまう子もいることでしょう。さまざまな意味で「がまん」や「抑制」をおぼえるのが、外あそびや群れあそびのいいところです。しかもそれが大人に教えられておぼえるのではなく、あそびの中で、楽しく無理せず、自発的に身についていくところがすばらしいのです。

また、自分ができないことにぶつかったり、うまく物事が進まないことがあったりしても「ちょっとがんばればできるようになる」「ちょっとがまんすればうまくいく」という体験も積むことができます。がまんや抑制をおぼえると同時に、「やればできるようになる」という意欲や向上心も生まれるのです。これらは自分にとっての自信につながり、自信があれば、多少の困難にぶつかっても落ちついて対処できます。自分に自信がない子は人のせいにしたり、ものにあたったり、いわゆる「キレる」行動に走りやすいのではないでしょうか。

自分の思い通りにスイッチひとつではじめたりやめたり、リセットまでもできるテレビゲームばかりしていたのでは、このようなちょっとしたがまんをおぼえることはできませんし、「自分はやればできるんだ」ということもおぼえられません。自信がなく、抑制もきかない子は暴発することしかできないのです。

残念ながら、今の日本には自然に群れあそびが発生するような環境はほとんどなくなっています。放っておいたら子どもたちは家の中であそぶだけで大きくなってしまいます。でも、そこでなんとか体を動かしてあそぶ楽しさを教えると、子どもは外に出たいと思うようになります。そしてその時は「いっしょに行こう！」と友だちを誘います。すべて大人がセッティングしなくても、最初の一歩だけ手を引いて出してあげれば、あとは子どもたちが自分たちで広げて、群れあそびが復活します。そんな子どもたちの「力」を見ると本当にうれしく思います。

あそびが子どもを成長させる

子どもたちがみな外あそびをしていた頃、自然についていた力、それはひとつはさっき述べた「群れあそび」によるものです。家族以外のたくさんの人と触れ合ってルールを学んだり、人間関係を学んだり、異年齢の子どもいっしょにあそぶことで、刺激を受けたり、思いやりを持ったりする。これらは大人が関わらなくても、子どもの世界の中で自然におぼえられたことでした。

また、身体面でも、外で動いてあそぶことで全身の筋肉がきたえられていました。外であそぶことが少なくなった現代では、全体的な筋力や持久力が弱まり、自分の体を腕や胸の力で支える支持力や、姿勢を保つための背筋力などが、とくに弱くなってきています。木のぼりや相撲とり、広いところでのかけっこ、高いところによじのぼったり逆に滑り下りたり、せまいところにもぐりこんだりする経験ができないせいだと思われます。

だから最近の子どもには、姿勢が悪い、まっすぐに座っていられない、すぐに寝転んでゴロゴロしてしまうということが増えているのです。

背筋力指数の年次推移

背筋力指数とは「背筋力」を「体重」で割った値のこと。調査開始当時から低下傾向を示している。

文部省(1997年当時)『体力･運動能力調査報告書』から。出典「子どものからだと心 白書2005」

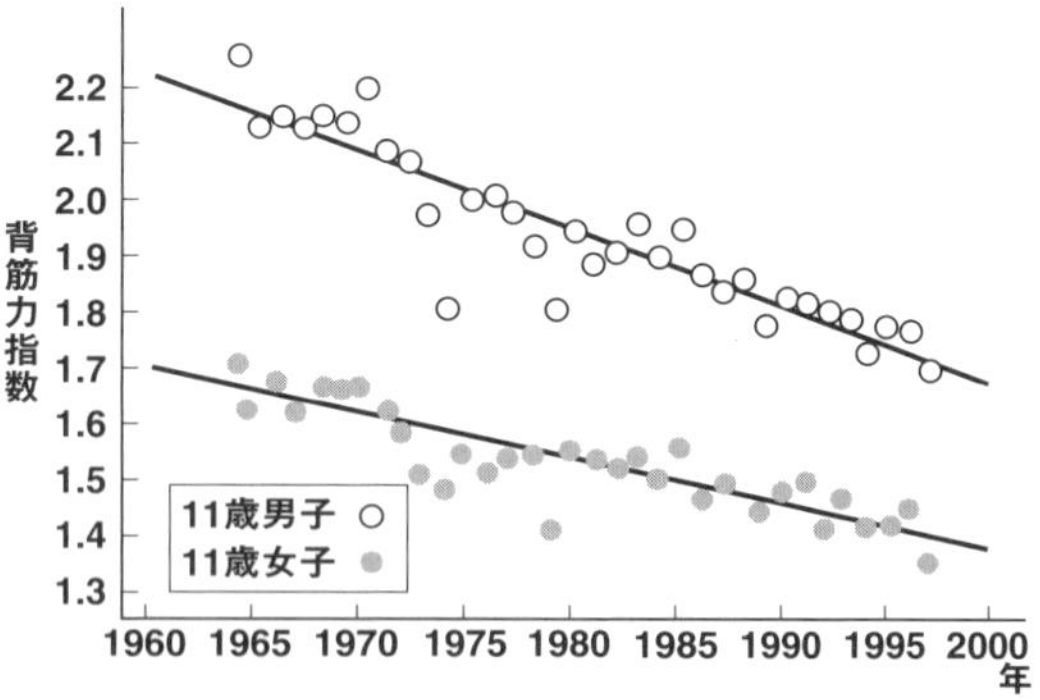

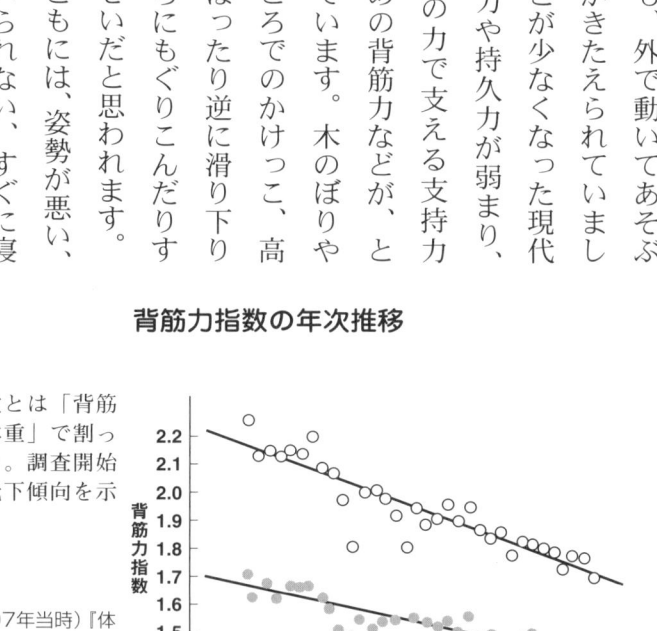

そこで大人が関わって、外あそびできたえられたような動きができる運動を、あそびの中に楽しくとり入れていく必要が生まれてきました。

子どもには子どもだけの世界があります。そこに大人が踏みこみすぎるのはよくないことです。しかし、今の子どもが置かれている状況では、そこにいくまでにもう１ステップ、大人が設定して誘いこんであげる必要があるということです。

何度も言うように、一度体を動かす楽しさをおぼえたら子どもは自分たちでどんどん動きだし、勝手に発展させていきます。そしてその過程で友だちを誘って仲間を増やし、群れあそびを復活させます。このことはわが家の息子が実証してくれました。息子は小さい時から外あそびが大好きで、テレビゲームはきらい。小学生の頃には、テレビゲームをやっている友人たちをなかば無理やり外に連れ出してあそんでいました。すると友人たちもしだいにゲームより外あそびにはまり、うちの周囲は昔ながらのガキ大将たちが走り回るようになっていたのです。

幼児期のうちに身につけたい基本的な運動能力

私は、子どもの体の発達について、3歳までは脚力（足を中心とした下半身）発達期、4～6歳は胸郭（腕や胸など上半身）発達期、7～10歳でその上下の連係ができ、全身の発達が完成すると捉えています。これはおもな発達であって、赤ちゃん時代にハイハイをすることで上半身もきたえられています。

最近、ハイハイをすることが少なくなった赤ちゃんが増えたことで、またさらに子どもの上半身の力が弱くなっているのではないかとも感じています。ですから、プログラムでは1～2歳のあそびにも上半身を使うあそびをとり入れています。ただ、めざましく発達するのは年代によってちがうということです。

このように年齢で目安を示すと、どうしても「うちの子はもう4歳なのに、脚力が弱いままだわ」と心配してしまう方がいます。しかし、私は10歳までならば、取り返しがきくと考えています。「今まであまり体を動かすあそびをさせていなかったかも」と思ったら、その日からはじめれば大丈夫です。子どもの反応や吸収力は大人には想像もつかないパワーを持っていますから。

乳・幼児期はまだ下半身と上半身がそれぞれ個々に発達していきますから、それぞれについて考えた動きをあそびにとり入れる必要があります。運動というと、すぐになわとびや鉄棒の逆上がりをさせようと考えてしまう大人がいますが、それらは複数の動きを集合させた複雑な動きができないと実行できません。いきなり子どもにやらせようとしても、できないのが当たり前なのです。幼児期にはまず、脚力（跳躍力）、胸郭力（支持力、懸垂力）を育てることです。

ジャンプする足の力〈跳躍力〉

「ジャンプする」のと「歩く」のでは、同じ足を使っていても、使う筋肉がちがいます。ジャンプするためにはふだんは使わない、ひざの前方にある筋肉を使います。ジャンプした経験のない幼児が日常の動きの延長で行おうとしても、ちゃんととべないのは当然のことなのです。だから最初は両足がそろわないドタバタジャンプでＯＫ。きれいに両足をそろえてジャンプしたり、ジャンプで前方へ進むというようなことは負荷も大きいので４歳くらいからにしましょう。３歳まではジャンプを上手にすることよりも、動物やヒーローのまねをして楽しくとぶことをくり返しましょう。

自分の体を支える力〈支持力〉

支持力は腕で自分の体を支える力です。現代の子どもにいちばん不足しているのは、この支持力でしょう。外あそびが減ったことはもちろんですが、生活様式も畳からフローリングとイスの洋式になり、立ち上がる時に畳に手をついて立つ、ということがなくなりました。

兄弟姉妹でも畳の上で転がってじゃれたり、取っ組み合いをするというようなこともなくなりました。また、四つんばいになって雑巾がけをしない家庭が増えたので、そのお手伝いをするということはさらに少なくなります。

しかし、支持力は鉄棒にもとび箱にもマット運動にも、かならず必要となる力です。この力をきちんとつけておくと、できる運動の幅がぐんと広がります。ですからあそびの中に積極的にとり入れて、育てていきましょう。

ぶら下がる力〈懸垂力〉

懸垂力はぶら下がって自分の体を支える力です。この力をつけないままいきなり鉄棒などをすると落ちてケガをすることになりかねません。ぶら下がるということも日常ではあまりない動きですから、公園などでのぼってもいい場所があったら、ぜひ子どもを誘ってください。うんと小さいうちだったら、お父さんの腕にぶら下がったり、お父さんの体によじのぼるのもいいですね。

そのほかに幼児期に経験しておきたい動きとしては、回転したり逆さになったりすることです。これらは日常生活ではまず経験しません。非常に不思議な感覚を、小さな子どもは楽しめますが、ある程度大きくなってからだと恐怖心が強くなります。慣れていないのに急に体験すると具合が悪くなることさえあります。布団の上で転がるとか、大人がしっかり抱いて子どもの頭が下になるように揺するとか、かんたんなことでいいので低年齢のうちから少しずつ経験して慣れておきたいものです。

生活習慣病予備軍の子どもたちを救おう

外あそびができず、家の中であそぶことが多くなったことによる子どもへの影響は、体格面でも目に見えて明らかになってきています。食物は豊富にあり、手軽に、いつでも、好きなものが手に入ります。しかも食の欧米化が進み、ファストフードやファミリーレストランも増え、カロリーの高い食事が増えました。

栄養はたくさん摂れるのに、外あそびで体を動かすことはできない。言うまでもなく、肥満傾向の子どもが増えています。子どもの肥満は放っておくとそのまま成人以降の肥満につながり、成人病の原因になると言われていました。ところが今では、すでに高脂血症や糖尿病などの成人病予備軍となっている子どもが増えていることが問題となっています。

人間にとって、ある程度の脂肪は必要不可欠なものですが、肥満になるほどの脂肪は害になります。もともと、筋肉と脂肪は代謝量にちがいがあります。同じ体重の人が同じ動きをしても、筋肉がついている人のほうが脂肪が多い人よりも消費するカロリーが多いのです。

人間の筋肉は動かすことで発達します。動かないと筋肉はつきませんし、ついていた筋肉も衰えてしまいます。筋肉のあまりついていない体に脂肪が増えて肥満になると、よけいに動くことがおっくうになり、動く意欲がなくなるという悪循環に陥ってしまいます。

逆に運動をすると運動によってカロリーが消費されるだけでなく、筋肉がきたえられて基礎代謝も上がるため、脂肪はどんどん燃えてなくなり、動きやすい体になっていきます。

子どもの体を病気から守るという点でも、小さいうちからどんどん体を動かせるようにしておきたいものです。そして子どもを動かすには、あそびがいちばんなのです。「健康のため」などと無理じいしても子どもは動きません。まず、お父さんやお母さんが楽しくあそんでみましょう。大人の運動不足解消にもなり、親子で健康になれたら最高じゃないですか。

あそびが育てる「生きる力」

子どもがあそぼうとした時、最初はだれかのまねからはじまります。「おもしろそうだな」「やってみたいな」と思ったことを見てまねして、動いてみるわけです。「まねをする」という行動は大人は無意識にしていますが、じつは「よく見る」「自分の体をどう動かしたらいいか考える」「自分でもできているか確認する」など頭も使っていて、「自分で考え、行動してみる」という積極性や意欲が育てられています。

まねができて少し動けるようになり、楽しくなると自然に「今度はこうしてみたい」「これはどうするの?」という言葉が出てきます。最近の子どもは自分の考えを言葉にして人に伝えるのが苦手な子が多いように思います。何かたずねても、小さな声でぼそぼそと「べつに〜」「わかんない」という返事が多く、自分の気持ちを言葉で伝えることが下手だから、キレてしまったりするのです。でも、言葉で伝えるということも訓練すれば上達します。楽しくなって自然に言葉が出てくるという状況をくり返すと、自発的に「コメントする力」が育ちます。

さらに自分で「もっと楽しくあそぶためにはどうしたらいいか」ということを考えるようにもなります。今グズグズしていたら、外であそぶ時間が少なくなる、外に行くためにはその前にこれとこれをしなくては、といった「段どり力」もついてきます。そしてあそび自体も複数を組み合わせたり、ストーリーを盛りこんだり、新たに道具を工夫したりとどんどん発展させます。その道具に不具合があったら自分たちで改良もします。

これらの、「まねる」「コメントする」「段どりをする」という行為は、学歴などとはまったく別の「生きていくための力」だと思います。「あそぶのは子どもの仕事」と言っていたのは、思いっきり体を使ってあそぶことを通して、こういう「生きる力」を身につけていく、という意味だと思います。体を動かさないでいると、「生きる力」も弱くなってしまうのです。

子どもたちの表情を変えた運動プログラム

日本の子どもの大脳の発達が遅れてきているのではないかという調査結果

が発表された頃、ちょうど私は長野県のある保育園の園長先生から相談を受けました。「子どもたちに落ち着きがなく、保育士の話をちゃんと聞いていない子、ふらふら立ち上がってしまう子、はっきり返事をできない子が多く、○○をしようと声をかけてもいっせいに動けない、情緒も不安定だ」とのことでした。

そこで「私の運動プログラムで子どもたちをあそばせてみてください」とお話しし、半年間試してもらいました。すると半年後、子どもたちは人の話を相手をしっかり見ながら落ちついて聞くことができるようになり、元気に返事を返す、落ちついたまとまりのある集団になったというのです。たった半年でそれだけの変化というのは私自身も驚いてしまいました。

もっと科学的に検証しようと、同じく長野県内のほかの10の保育園に協力をお願いし、運動プログラムを行った子と行わない子のちがいを1年後に調べてみました。すると、前頭葉の働きを調べるGO/NO-GO実験（30ページ参照）でも明らかにちがいが現れ、アンケートによる主観的な評価でも、プログラムを行った子は注意力・集中力が向上しているとわかりました。体を動かす楽しさを知り、そのために必要な、がまん・抑制する・何かに集中するということが、人の気持ちを推しはかる、思いやりを持つというところにまで影響し、人の話を落ちついて聞くことができるようになったのでしょう。

この調査で、体を動かすことと、心の発達に関連があることを証明できたこともうれしいのですが、実際に保育園の子どもたちのようすを見て、ちょっとぼんやりした感じだった子どもたちの目がしだいに輝き、真剣にこちらの話を聞き、元気にあそび、自分から「もっとやりたい！」と言うようになる、その変化を見られたことが私にとって何よりも大きな喜びでした。

できない子にこそ、どんどんあそばせよう

子どもの中には、「あそぼう！」と誘ってもすぐにはのってこない子がいます。はじめてのことには用心深い子もいますし、それまでにあまり体を動かす経験をしていないと、なかなか「やってみよう」という気になれないということもあります。3歳を過ぎていると、すでに苦手意識を持ってしまった子もいるかもしれません。

子どもを誘ってものってこない時には、無理にやらせてはいけません。かえっていやな記憶となり、あそぶことがきらいになってしまいかねません。とはいえ、放っておいたらいつまでも動いてあそぶ楽しさを伝えることはできません。そういう時は、まずは大人が実際にやって見せましょう。

子どもは「やりたくない」と言っても周りでやっていることを、かならずよく見ています。でも自分からはなかなか「やる！」とは言い出せないのです。子どもの心理もなかなか複雑なものがあります。興味を持っても「やる」とは言えないのです。だから子どもがじっと見ていたり、ちょっとモジモジしてやりたそうだなと思ったら、「おもしろいよ～！　〇〇ちゃんもやってみる？」と声をかけてあげましょう。

子どもが動き出したら、すかさず「上手だね～！　すごいすごい！」とおおげさなくらいほめてあげてください。子どもは実際に動けたことと、ほめられたことでとても喜び、自信を持ちます。その自信が次の動きへとつながるのです。

もし、子どもがはじめての動きにちょっとこわがっているなと感じた時は、子どもの正面に立って、子どもの目をのぞきこめる位置で手助けをしてあげましょう。補助をしてくれる大人が視界に入るというだけで、子どもの不安は解消されます。

今まであまりあそんでいなかった子、あまり動きたがらない子、肥満ぎみの子、そんな子にこそたくさん声をかけて、あそびに誘いたいのです。ひとつできたという自信が、どんどん「もっとやりたい！」に変わります。そんな子どもの変化をたくさん見たいと思っています。

側転、とび箱、逆上がりが自信につながる

あそびといっても目標があったほうが張り合いがありますし、どこまでやればいいのか目安がないと、人間はなかなかやる気が続かないものです。そこで、マット運動の側転、とび箱をとぶ、鉄棒の逆上がり、短なわとび。この4つができることを最終的な目標とします。

なぜ、この4つなのか。それはこれらができるようになるためには、基本的な運動能力である跳躍力や支持力、懸垂力すべてをバランスよく必要とす

るということはもちろんですが、「できる」「できない」がわかりやすい運動だからという意味もあります。

ボール投げだったら上手、下手はあってもだれでも投げることはできます。でも逆上がりで回れるか回れないかは、はっきり分かれます。はっきり出来不出来がわかるだけに、4～5歳になるとできない子に苦手意識が生まれやすい運動でもあります。小学生にきらいな運動を聞くと、とび箱や逆上がりがあがってくるでしょう。

また、運動のきらいな大学生に「いつ頃からきらいか?」とたずねると、幼児期から小学校低学年という答えが多く返ってきます。運動が好きな大学生も同じ時期に「好きになった」と自覚しています。つまり、小さなうちから動く楽しさをおぼえて、動ける体をつくっておかないと、生涯運動ぎらいのまま過ごしてしまうことになってしまうのです。

ただし、目標があるからといってその目標だけを見て急がないでください。子どもの体の発達には前にも述べたように順番があります。体の準備が整っていないのに無理に運動させようとしても、できないだけでなく、ケガの元になってしまいます。

最終的な目標の技は、幼稚園の年長さんくらいで完成すると思ってください。私のプログラムでは子どもの発達を踏まえ、徐々に高度な動きを加えていくようにしています。順番にそれぞれのあそびをしていけば、気がついたら側転もとび箱も、逆上がりもできたとなるはずです。あくまでも「楽しくあそぶ」ことを忘れないでほしいと思います。

試そう！ 柳沢運動プログラム

子どもの発達・発育にそった運動を

子どもに運動をさせるというと、はじめから逆上がりをさせたり、なわとびをさせたりする指導者や保育者が多いようです。もちろんそれですぐできる子もいますが、できない子はできないままで終わってしまいます。できる子も、それだけではほかの運動への発展に疑問が残ります。

子どもへの運動の支援では、子どもの体の発達を理解して発達に合った支援をすること、そしてかんたんな動きからしだいに複雑な、高度な動きを経験できるように体系的に組み立てた支援をすることが大切です。

たとえば、なわとびをするためには、「両足をそろえる」「両足をそろえたまま上にとぶ」「動いているなわを見てタイミングよくとぶ」という能力がすべて備わっている必要があります。短なわの場合はさらに「自分の腕でなわを回す」という能力も必要になります。

しかし、人間の手を構成している骨が完成するのは10歳になってからです。骨が完成していない時期には、当然その周囲の靭帯や筋肉も完成していません。幼児期に自分の腕でなわをスムーズに回すというのは、発達面から見て無理のあることなのです。また、体が発達していても、とぶ経験が少ないままでは、動くなわをきれいにとぶことはできません。このように発達や発育を無視した運動支援では、かえって運動ぎらいな子を育ててしまいます。

そこで、かんたんな動き、現代の子どもに不足している力を少しずつつけていく動き、そこからしだいに高度な動きをとり入れたり、複合させていく体系をつくったのが私のプログラムです。

もともとは幼稚園や保育園の運動支援を目的としたために、3〜6歳を対象としてつくったものですが、動く楽しさを小さいうちから体感しているほうが、集団で運動をはじめる時に、くいつきが早いのはいうまでもありません。1〜2歳から動く楽しさをおぼえてほしいと願い、今回は親子でできる運動あそびをとり上げました。

家庭では、骨や筋肉の発達という専門的なことを理解するのはむずかしいと思います。しかしわかりやすい目安としては「子どもがいやがることはしない」ということです。喜んでキャッキャ！と言うようだったら、もうちょっと発展させてもいいでしょうし、いやがったりこわがったりして体を硬くするような時には、その動きはまだ無理ということです。子どもは日々発達していますし、眠い時や体調がいまいちという時もあります。一度いやがってもあきらめずに期間をあけて、また挑戦してください。

運動行動の4段階

人間の運動行動の発達は、４段階に分けられます。

まず最初に出現するのが「反射運動」です。これは、体に近づいてきたものを反射的に「つかむ」という行動です。生まれたての赤ちゃんは教えられなくても口に近づけたおっぱいに吸いついたり、大人の指をにぎったりしますね。そういう行動のことです。

次に出てくるのが「基本運動」。反射的にではなく、自分の意思で手を伸ばしてつかむ、離すという運動です。1～5歳にかけて、大きなものからしだいに小さな細かいものをつかんだりつまんだり、手を離したり、そっと置いたりということができるようになります。ここまでは日常生活の中で自然に身につく運動です。

ここに4～5歳頃から「協応運動」が入ってきます。これは「つかんで投げる」など、要素の異なった運動が組み合わされた運動です。筋肉も2つ以上使う複雑な動きになってきます。ここからは、トレーニングや回数を重ねることで向上していきます。

さらに、「協応運動」には、非日常的な動きも入ってきます。「逆さ感覚」「回転感覚」「高所感覚」など、ふだんの生

運動行動の階層構造

10歳以上 熟練運動	「ジャンピングキャッチして投げる」といった、協応運動よりもさらに高度な動き。	ジャンピングキャッチ
4～10歳 協応運動	「つかんで投げる」など要素の異なった運動を組み合わせた動き。「逆さ感覚」「回転感覚」「高所感覚」といった非日常的な動きも入り、トレーニングや回数を重ねることでできるようになる。	投げる
1～5歳 基本運動	反射的にではなく、自分の意思で「手を伸ばしてつかむ」。さらにつかんだものを「離す」など、順序立てて動きを行えるようになる。日常生活の中で自然に身につく。	はなす
0～1歳 反射運動	体に近づいてきたものを反射的に「つかむ」動き。お母さんのおっぱいをつかんだり、大人の指をにぎったりする行動が当てはまる。	つかむ

『体育の科学』（調枝孝治／体育の科学社）より引用

活では経験しない動きです。これらの非日常的な動きを子ども時代にたくさん経験することで、子どもの体の機能がどんどん伸びるのです。

「協応運動」は10歳くらいまでにたくさん経験させたい運動です。赤ちゃんから幼児期には、「反射運動」「基本運動」にプラスして「協応運動」をとり入れていきましょう。むずかしく考えることはありません。昔からある「たかいたかい」など、小さな子の喜ぶ体を使ったあそびをいっしょにしてあげればいいのです。

これらの運動を十分にしていると、10歳を過ぎてから本格的にスポーツの技を習得する、最終段階の「熟練運動」にスムーズに入っていくことができます。

見本を見せてポイントを確実に

プログラムの指導をする際に私が気をつけていることは、「言葉で説明するよりも、実際にやって見せる」ということです。言葉で説明しても子どもには伝わりにくいものです。

子どもは目に見える範囲で動くものに注目します。「やってごらん」と言われるだけではなかなか動きません。まず、大人が動いて見せることが大切なのです。大人が楽しそうにやっているのを見て、子どもがウズウズしているようなら大成功。「動いてみたい」と子どもに思わせることも大切です。

正確に身につけてほしいポイントは、悪い例も実際に行って見せます。良い例と悪い例を見せて、「どっちが上手？」「どっちがかっこいいと思う？」と子どもに評価をさせることで、子どもはポイントをつかみ、良い例をまねしようと一生懸命になります。子どもがポイントをうまくつかんで動けたら、おおいにほめてあげましょう。

とくに1～2歳の頃は、親といっしょに行うこと自体がうれしく、楽しさを感じて動くということもあります。まずは、「動きたい」「動いてみたら楽しい！」ことを教えるのが第一歩。ぜひ大人もいっしょに動きましょう。非日常的な動きが多いので、ふだん使わない筋肉が動き、新陳代謝も活発になります。子どもにとっては楽しく、大人の美容と健康にも効果ありと、うれしいことが重なります。

かんたんなことからはじめよう

私のプログラムは、かんたんな動きからむずかしい動きへ、単純な動きから複雑な動きへと段階を踏んで構成しています。人間はむずかしいことができるようになると、かんたんなことをないがしろにしがちですが、そこでかんたんな動きを省略しないでほしいのです。

かんたんな運動は、かんたんにできるからこそ、子どもに「自分はできる」という意識を呼び起こします。そしてそれを「もっとむずかしいことにチャレンジしたい」という気持ちに結びつけるためにも、楽しさ、おもしろさを前面に出して行うように心がけてください。自信と楽しさで、やる気は数段アップします。

かんたんな動きを重要視するのには、動きのポイントを再確認するという意味もあります。たとえば、「くまさん歩き」（98ページ）などの支持力を養う運動をする際には、手のひらをしっかり開いていないと十分な支持ができずに前のめりに突っ込んだりして、ケガをする原因にもなります。幼児期では年齢が低いほど、まだ指先に神経が十分に通じていないため、指の第一関節を曲げたまま着手してしまいがちです。そこで、こういった運動の前には、「グーチョキパー」などのあそびで、手をしっかり開く感覚を印象づけておきます。

かんたんな運動の際には、楽しく盛り上げることが大事ですから、「パーをあと出ししたら、罰ゲームだよ！」と言ってくすぐるなど、ふざけっこのようなゲーム性を持たせるのもいいでしょう。むずかしい運動に入ったら動きの正確さを援助することも大切です。

ほかにも、子どもが飽きないようにスピードに変化をつける。ヒモやイスなど、身の回りにあるもので動きに変化をつけてあげる。CDをかけたり、楽器を利用するなどもいいでしょう。その子の習熟度や興味に合わせて、さまざまなものを利用し、メリハリをつけると子どもの集中力がとぎれずに運動を楽しめます。

プログラムの最終目標

50ページで述べたように私のプログラムでは、見ただけで「できる」「できない」がはっきりとわかる側転、とび箱の開脚とび、逆上がり、短なわとびの4つの運動を、小学校に入学するまでに完成することを目標としています（本書では、短なわとびをのぞく3つの運動を紹介）。

それらの運動をできるようにするためには何が必要なのか。どうしても必要な動きは、支持力、跳躍力、懸垂力です。そのほかに、回転力や、逆さ感覚、高所感覚なども必要となります。30年前のように、みなが外であそんでいて、木のぼ

柳沢運動プログラムの最終目標

側　転	開脚とび	逆上がり	短なわとび
必要な力	必要な力	必要な力	必要な力
支持力	支持力	懸垂力	跳躍力
＋	＋	＋	＋
回転感覚	跳躍力	支持力	動体視力
＋		＋	
平衡感覚		回転感覚	
		＋	
		逆さ感覚	

りや石投げなども自由にできた時代には、自然に身についた動きばかりですが、現代ではそうはいきません。

現代の生活の中で、子どもの発達を踏まえ、支持力をつけるためにはどういう運動から入り、どうステップアップをしていったらいいか。それを側転につなげるためには、どんな動きをプラスしていったらいいのか。しかもそれらを子どもが楽しんで、あそび感覚でできるような運動にする。それが私の考えたプログラムです。

プログラムにそって運動をしていけば、知らず知らずのうちに必要な動きが身につき、「気がついたら側転も逆上がりもできちゃった」という結果になるはずです。動く楽しさをおぼえるのが遅かった子も、途中で後戻りしてしまう子も、心配はいりません。10歳くらいまでなら、いくらでもとり返せますし、巻き返しもできます。とにかく子どものうちに「動く楽しさ」を教えてあげたいのです。

結果を焦らず、まずは楽しんであそんでください。最終目標の運動にチャレンジするのは早くて年長さんになってから。それまでは「この運動のため」

などと考えずにあそびこむことです。もちろん、大人もいっしょに楽しむことが大切です。子どもの目線になって、いっしょに動き、いっしょに笑いましょう。

第2章

親子であそぼう

1歳からの親子あそび

この時期に育てたい力

動く感覚と、その楽しさをおぼえましょう。

この年代は、ようやく歩けるようになったばかり。まだまだ、走ったりとんだりという運動らしい動きは自分ではできません。しかし、感覚はとても敏感で柔軟、たくさんのことをぐんぐん吸収していく時期でもあります。大人にとっては何でもないことでも、子どもにとってははじめての経験。しかもそれをこわがらずに喜ぶ好奇心にあふれています。

もちろんあまり過激な動きはしてはいけませんが、この時期に、回ったり、逆さになったり、高い場所にいたりということを経験していると、幼児期後半に恐怖心が芽生えてきても、いろいろな動きをこわがらなくなります。ですから、大人はちょっと大変ですが、まずいっしょに動くこと、そして子どもの体を動かしてあげることがポイントです。

また、この年代の子どもは、大人のまねが大好きです。できる、できないにかかわらず、身近な大人のまねをしたがるので、おおいにそれを利用しましょう。「やってみようか」と声をかけてのってこない子でも、大人が動いて見せると黙って見つめ、次第にまねをしようとしはじめます。そのとき、「上手にやらせよう」「きちんとした動きを」というようなことは考えずに、いっしょに楽しんでください。同じことを何度も何度もくり返すので、大人は飽きてしまうこともありますし、「次の段階にいかなくていいの？」と考えてしまうこともありますが、子どもは自分で十分にやりこむと自然に新しいステップへと進みます。気長に、気楽にあそんであげましょう。

1歳からの親子あそび 一覧

どのあそびからはじめるかなどの決まりごとはありません。子どもが興味を示しそうなもの、お母さんがいっしょにできそうなあそびからはじめてください。最終的にはすべてのあそびを体験することを目標にします。

脚力を育てる

とぶ力…足など下半身の筋肉

手つなぎピョンピョン

P.68

支持力を育てる

体を支える力…腕や胸部など上半身の筋肉

逆さトンネル

P.76

バランス感覚を育てる

バランスをとる力…前後左右に傾いても倒れない感覚

ボールであそぼう

P.84

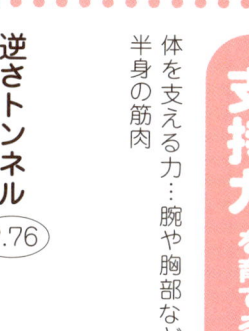

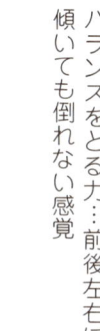

高所感覚を育てる

地面から離れ、ふだんとちがう高さでも体のバランスがとれる感覚

1歳からのあそび

脚力を育てる

手つなぎピョンピョン

ひざの使い方を身につけ、足の力をつけます。はずむ楽しさもおぼえます。

1～2歳の頃はひざをリズミカルに動かすことがむずかしいので、ひとりでジャンプはできません。でも、大人が体を支えたり、両手を持って引っぱり上げるようにはずませてあげると、とても喜びます。その動きを楽しむうちにしだいにジャンプのしかたをおぼえていきます。

1 大人が両足を伸ばして座り、足の間に子どもを立たせ、脇に手を入れます。かけ声をかけながら子どもをはずませてあげます。子どもは両足をそろえたジャンプでなく、片足ずつでもOKです。

声かけ例

いーち、にーの、ピョ～ン！

2

大人は腰を少し屈め、子どもと向かい合って手をつなぎ、引っぱり上げるようにしてはずませてあげます。引き上げる力やかけ声の大きさに変化をつけると子どもが喜びます。

声かけ例

★うわーたかーい！

★空をとんでるみたい！

ママもうれしい！

子どもの体を持ち上げるので、二の腕や背筋に効果あり！ 子どもといっしょにジャンプすれば、全身運動にもなります。声かけで大きな声を出せばストレス解消にもなりそう。

1歳からのあそび

脚力を育てる

ロボット歩き

歩く動作で必要になってくるひざの曲げ伸ばしをおぼえ自分でどんどん進んでいく楽しさを味わいます。

1 大人の足の甲に子どもの足をのせて立ち、両手をしっかりにぎって片足ずつ進みます。足を前に踏み出すと子どものひざが曲がり、足が地面に着地した時には伸びる、という動作をリズミカルにくり返します。目標地点があると子どもの意欲がわくでしょう。

声かけ例

次はくまさん駅へ向かいまーす。

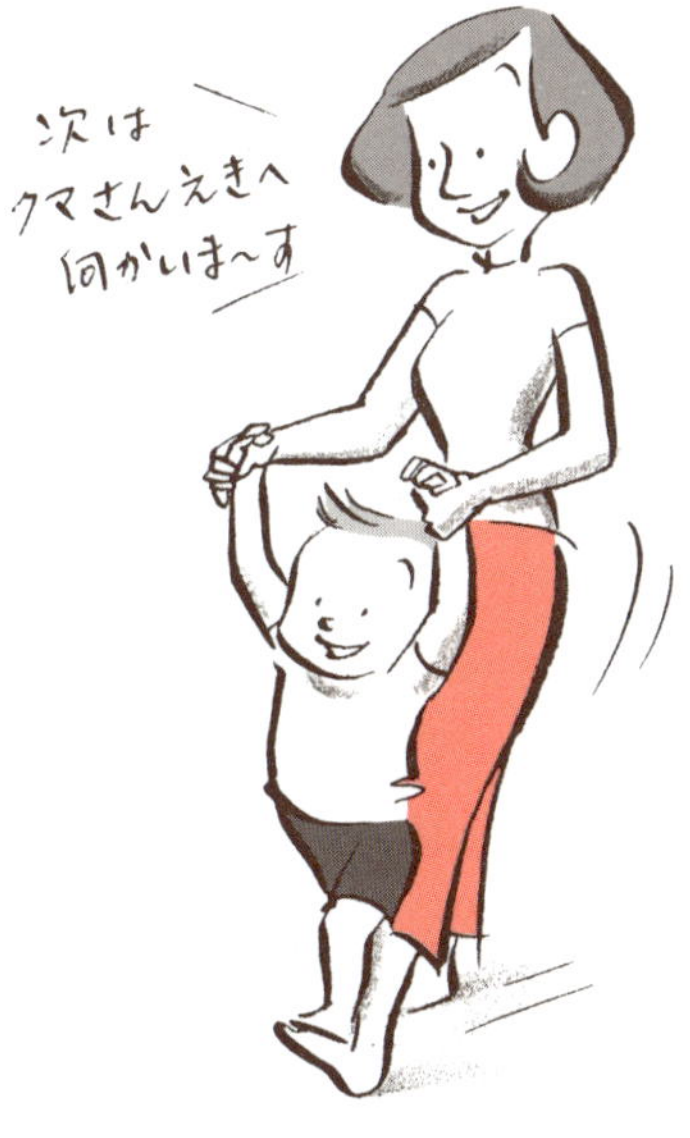

子どものひざがちゃんと曲がって歩けているかに気をつけながらあそんでください。また、子どもの視界に大人が入っていないので、かならず声をかけながら動いてあげましょう。慣れてきたら、歩幅やスピード、声かけをアレンジしてみましょう。

2 慣れてきたら、うしろや横などいろいろな方向へ歩いてみたり、歩幅やスピードを変えてみましょう。

声かけ例

★駅を通り過ぎてしまいました。バックしまーす。

★うわ〜、はや〜い！ 超特急だ。

★今度はそーっと、そーっと。

ママもうれしい！

子どもの体重が負荷としてかかりながら歩くので、太ももやふくらはぎに効きます。子どもの歩幅も実感できるので、『もっと早く歩けないの？』なんてイライラすることも少なくなるかも。

1歳からのあそび

脚力を育てる

電車になって歩こう

あそびを通した歩きの中で止まることをおぼえます。がまん＝抑制を教えることにもつながります。

1 長いヒモなどを用意し、1本は結んで大きな輪に、もう1本は床に置いて線路にします。輪にしたほうに子どもと入り、両手でヒモを持ち、床に置いたヒモにそって歩きます。

声かけ例

電車が出発します。線路にそって行こうね。

子どもが歩きはじめるようになったら、歩くだけでなく、止まるという動作もおぼえておかないと危険です。あそびの中でストップしたり、タイミングを合わせたり、スピードを変えたりするシーンをつくってあげましょう。ヒモからはみ出さないようにすることで集中力もアップ。

2

止まったり、スピードを変えたり、ジャンプしたり、歩き方に変化をつけます。線路は徐々にカーブを増やして複雑にすると楽しめるでしょう。テーブルやイスの周りを回ったり、畳の縁を利用することもできます。

声かけ例

★駅につきましたー。止まります。
★カーブだよ。ゆっくり行こう。
★石ころがあるのでジャンプして！

ママもうれしい！

スピードを変化させたり、急に止まったり。リズミカルに動くと意外に運動量があるものです。室内をどのように歩いたら楽しめるかを考えるのも、脳の若返り運動になりますね。

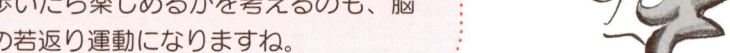

1歳からのあそび

脚力を育てる

グーパージャンプ

タイミングを合わせてジャンプすることで、ジャンプする足の力、瞬発力を育てます。

歩くことが上手になってきたら、そろそろ自分の意思で体を動かせるようになってきます。このあそびではタイミングに合わせてジャンプすることで、足の筋力を養うほか、瞬発力をつけることもできます。両足をそろえてのジャンプはむずかしいので、はじめはそろわなくてもOKです。

1 大人が両足を伸ばして座り、足の間に子どもを立たせ、手をつなぎます。

声かけ例
ママの足に、はさまれないように！

2 『1、2の』と声をかけ、『3！』で子どもはジャンプして足を開き、大人は閉じます。最初は『3！』のときに両手を引くようにしてタイミングを教えてあげましょう。上手にジャンプできないうちは、脇に手を入れて体を持ち上げます。

〈バリエーション〉

「はちがとぶ」の歌を大人が歌い、子どもは大人の周りを回ります。『ブンブンブン』で回って『はちがとぶ』の『とぶ！』で大人の足をとび越します。大人は足を開いたり閉じたり。それによって、子どもは1回とびか2回とびか判断してとびます。

ママもうれしい！

足を伸ばして座ると硬くなっていたももの裏側が伸びて、いいストレッチになります。このあそびでは子どもがまちがって足を踏んでしまうかもしれません。覚悟も必要です。

1歳からのあそび

支持力を育てる

逆さトンネル

自分の体を腕で支える力をつけ、逆さ感覚も体験できるあそびです。

1 子どもと背中合わせになり、足を横に広げて立ちます。

このあそびでは、床についた両腕に体重をかけて体を支えるので、腕の力をつけることができます。逆さになる感覚は日常生活ではあまり経験できませんし、経験しないと育たない感覚なので、不思議な感覚をおもしろがる低年齢のうちにどんどん経験させたいところです。

2

『にらめっこしましょ……』と歌いながら両手を前につき、股の下から同時にのぞきこみます。変な顔をつくって、子どもを楽しませましょう。

声かけ例

にらめっこしましょ、笑うと負けよ、あっぷっぷ！

ママもうれしい！

二の腕や肩がふだんしないような動きをするため、シェイプアップ効果と同時に、血流がよくなって首や肩のこりの解消も期待できそう！ 何度もくり返すと、腹筋、背筋もきたえられます。

1歳からのあそび

支持力を育てる

洞窟探検ごっこ

ハイハイ時代とくらべると急に使わなくなる腕の力をあそびの中で養います。

子どもは歩けるようになると途端にハイハイをしなくなります。子ども同士じゃれ合ったり、取っ組み合いをしなくなった現代では、意識してあそびにとり入れないと支持力は育ちません。子どもは冒険が大好き。その気持ちをうまく活用して楽しく上半身の力をきたえましょう。

1 イスなどを利用して、20～40cmの高さにヒモを張ります。ヒモをはさんだ反対側から大人が声をかけ、子どもは四つんばいになってヒモをくぐります。

声かけ例

くまさんが助けて！って言ってるよ。ワニさんになって助けに来て！

2

今度は足を使わず腕の力だけで進む「あざらし」歩きに挑戦。声かけを工夫して、子どもを誘ってみましょう。

声かけ例

今度はあざらしさんになって来られるかな。

ママもうれしい！

大人もいっしょになって探検ごっこをすれば、腕だけでなく腹筋や背筋もきたえられます。子どもより体重が重くなる分、かなりハードなあそびになりますよ。

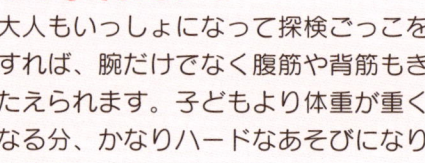

1歳からのあそび

支持力を育てる

タオル引っぱりっこ

ものを引っぱる時に必要な、全身でふんばる力を養います。

ものを引く動作は、腕力だけでなく、握力や脚力、腹筋、背筋も使います。また、体重をうしろにかけた姿勢をとるのでバランス感覚も必要です。大人は子どもの力を感じながら、力を加減して引き合いましょう。最初は子どもが軽く引っぱっただけで大げさに倒れて見せるとのってきます。

1 タオルの両端を子どもと大人でそれぞれ持ちます。

声かけ例

ママに負けずに引っぱれるかな？

2

軽くツンツンと引っぱる程度からはじめ、子どもの力に合わせて加減しながら引っぱりっこ。力を強くしていくと、子どもは自然に体の使い方や力の入れ方をおぼえていきます。

声かけ例

〇〇ちゃん強い！ ママ、負けそう。

ママもうれしい！

子どもに力がついてくると、お母さんも本気を出さないと負けてしまいます。子どもの力がどんどん強くなることが実感できてうれしくなるあそびなので、継続的に行うといいでしょう。

1歳からのあそび

高所感覚を育てる

飛行機ブーン

小さいうちに慣れておきたい高所感覚を養うあそびです。

いつもよりずっと高いところから周りを見たり、自分の体が宙に浮いたりすることは、慣れると子どもが大好きな感覚ですが、経験がないとこわがってしまいます。子どものようすを見ながら少しずつ挑戦。子どもの体を持ち上げる体力が必要なので、ここはお父さんの出番です。

1 子どもの脇の下に手を入れてしっかり支え、持ち上げます。子どもがこわがらないようだったら、子どもに手を広げさせます。

声かけ例

★たかいたかーい！

★パパより大きいぞ！

2

今度は飛行機になります。子どもを前向きにだっこして、大人の両手のひらで子どものおなかのあたりを支えます。子どもの両足を両脇にはさんだ状態で立ち、飛行機のように上下に動かしたり、回ったり、さまざまな動きをしてあげます。

声かけ例

★ブーン！
★ほーら、高いよ。
★今度は急降下だ！

ママもうれしい！

お父さんと体を使ってあそぶことは、お母さんとちがったダイナミックさがあって、子どもは大喜びです。わが家ならではのあそびを各家庭で考えてみてはいかがでしょう。

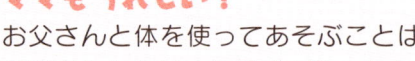

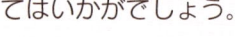

ボールであそぼう

ボールをキャッチして転がす動作から、体のバランス力を身につけます。

1 子どもと少し離れて向かい合い、子どもの真正面に向かってボールを転がします。ボールをキャッチしたら、今度は大人に向かって転がすように声をかけます。慣れてきたら、ボールを追いかけてキャッチするよう、左右にふって転がしてみましょう。

声かけ例

行ったよー。つかまえて！

ボールは大きめ（子どもが両手で抱えられるくらい）の柔らかいものを用意しましょう。動くボールを前屈みになってキャッチするにはバランス感覚が必要です。最初はキャッチできずに逃がしたり、けとばしてしまったり。でも、それを追いかけるのも楽しいのです。

2

子どもがボールを転がせるようになったら、空のペットボトルを何本か立ててボーリングごっこ。ボールを転がす時の体のバランス感覚を身につけていきます。だんだん距離を長くしたり、倒した数を競争して楽しみましょう。

声かけ例

すごーい！　２本当たったねー！

ママもうれしい！

ボールを追いかけるわが子のようすはとってもかわいくて、見ているだけでなごみます。お母さんもボールを投げたり転がしたりすることで、ふだん使わない脇腹や背中、二の腕がすっきり！

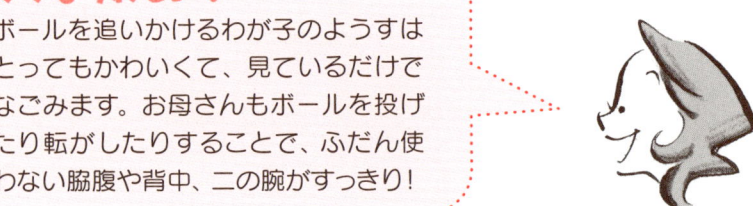

つなわたり

両腕を広げてヒモの上を歩きバランスのとり方をおぼえます。

1 長いヒモなどを用意し、床に円形に置きます。両手を広げバランスをとりながらヒモの上を歩きます。大人がまず見本を見せ、子どもはうしろに続きます。

声かけ例

★この上を落ちないように歩いてみよう。
★腕をこうして広げると上手にできるよ。

最初は大人が「おっとっと…」と大げさにバランスを崩して、両手を広げて持ちこたえるようすを見せてあげましょう。子どもがおもしろがったらしめたもの。「むずかしいよ。○○ちゃんはできるかなぁ？」と誘ってみましょう。ヒモの上で追いかけっこをしてもいいですね。

2 慣れてきたらヒモの形をクネクネさせて複雑にしたり、ヒモの上で追いかけっこをして楽しみましょう。

声かけ例

ママをつかまえられるかな。

ママもうれしい！

両腕を広げた体勢は、意外と大変なものです。たるんだ二の腕のお肉をすっきりさせる効果が期待できます。バランスをとってヒモの上を歩くことで、集中力もきたえられます。

1歳からのあそび

バランス感覚を育てる

遠足に出発！

室内につくったでこぼこ道や坂道ののぼり下り、ふだん経験できない動きを体験！

子どもは好奇心がいっぱい！その好奇心を満足させながら、ふだんは行わないような体の動きを体験しましょう。家にあるもので何を活用できるか、大人も頭の体操です。あそびの名前の「遠足」は、「冒険」「探検」「ハイキング」など、子どもが理解できる言葉に置きかえてください。

1 クッションや布団で山をつくり、イスをトンネルに、ヒモを置いて道路をつくります。子どもと遠足で通る道の計画を立てます。

声かけ例

★お山はハイハイでのぼってね。

★ここはトンネルだからくぐろうね。

2 さあ、出発です。山をハイハイでのぼったり、ジャンプでとび下りたり、トンネルをくぐったり。進むスピードにも変化をつけてください。クッションや布団が崩れる感覚を味わうのも貴重です。

ママもうれしい！
大人も童心にかえって真剣にとり組みましょう。想像の世界にひたってあそびに没頭するのもいいものです。『今度はソファを山と谷にしよう！』なんて応用力がついてきます。

1歳からのあそび

バランス感覚を育てる

はっけよい のこった！

片足を上げて立つ、むずかしい動きにチャレンジ！
バランス感覚を養います。

1 長いヒモで円形をつくり、土俵にします。土俵の中で子どもと向かい合い、まず大人が片足ずつ上げて四股を踏み、見本を見せます。『さあ、○○山もどうぞ』と子どもの名前をお相撲さん風に呼んで、四股を踏むよう促します。子どもが四股を踏んだら『ドシーン！』と擬音をつけてあげたり、『○○山は強そうです！』など実況風に盛り上げましょう。

子どもは見て憧れを持ったものに入りやすいので、テレビで大相撲中継をいっしょに見て、『お相撲さん、強いね、かっこいいね』とさりげなくインプット。そのあとにあそぶといいですね。バランスを崩して転んでも大丈夫なように、周囲に危険なものがないか確認してからはじめましょう。

2

『はっけよい のこった！』で子どもと押し合います。大人はかんたんに押し出されない程度にふんばって、子どもが力をこめて押すようにします。子どもが途中であきらめないよう、声かけも大切です。最後は押し出されてあげましょう。

声かけ例

★まだまだ！

★○○山の力が強くなってきました。

ママもうれしい！

大人も年齢を重ねるとともにバランス感覚が低下して、思わぬケガとなることもあります。四股を踏むのは大人でもむずかしい動きです。バランス感覚を磨き、足の筋肉を強化しましょう。

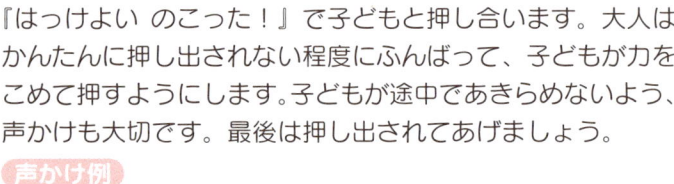

3歳からの
親子あそび

この時期に
育てたい力

まず、脚力。
そして腕や胸の力をつけましょう。

そろそろ、自分の意思で自分の体を動かせるようになってきます。もちろん大人から見たら、とてもかんたんで単純な動きですが、何もできなかった赤ちゃんが自分の力で動き出したのです。おおいにほめて励ましてあげましょう。

3歳までは脚力が発達する時期。「歩くだけで楽しい」赤ちゃん時代は好きなように歩かせるだけで、それがあそびでもあり、運動にもなっています。

3歳になるとそろそろジャンプができます。最初は両足がそろわず、ドタバタしたジャンプですが、無理に直さず「上手だね」とほめて、まずはとぶ楽しさをおぼえさせましょう。そしてジャンプすることに慣れてきたら「両足をそろえてとぶと、もっと高くとべるよ」とさりげなくサポートしていきましょう。

4〜6歳は腕や胸郭など、上半身の力がつく時期です。でも残念ながら今の日本の生活では、上半身の力を使う動きがほとんどありません。日本の子どもたちは上半身と下半身の力のバランスが崩れている子が多いと思います。この年代にあそびの中に上半身を使う動きを入れて、どんどんきたえておきましょう。体を支持したり、ぶら下がったりという力なので、あそびも広がっていきますし、小学校などで新たな運動をする時にもスムーズに入っていくことができます。

それらに、回転感覚、逆さ感覚、バランス感覚、高所感覚など、ふだんの生活では体験できない動きも少しずつプラスしていけたらベストです。

3歳からの親子あそび 一覧

1～2歳の頃よりも、「ここを育てる（きたえる）」という目的がはっきりしたあそびが増えます。そのため、3歳からのあそびに関しては、「支持力」「跳躍力」「懸垂力」の3つの力別に、かんたんなあそびからステップを踏んで紹介していきます。

支持力を育てる

体を支える力…腕や胸部など上半身の筋肉

いぬさん歩き

P.96

跳躍力を育てる

とび上がる力…左右の足を閉じながらつま先で上方へはねる

うさぎジャンプ

P.110

懸垂力を育てる

体をぶら下げる力…腕や胸部などの上半身の筋肉

ぶらぶらおさるさん

P.120

回転感覚を育てる

体を回転させたりする時にバランスをとる感覚。前転や側転に必要

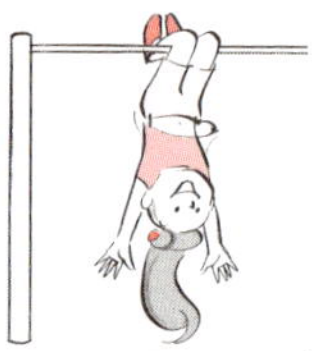

3歳からのあそび

支持力を育てる

いぬさん歩き

現代っ子にもっとも不足している腕の力を強くする、ファーストステップ。

四つんばいの姿勢で歩く「いぬさん歩き」では、腕と足の両方で体を支えているので、腕の力が未熟な子も無理なく必要な筋力をつけることができます。子どもは意識させないと指が曲がってケガをしがちです。はじめる前に「パー」の形をつくって、しっかり開くことを意識させましょう。

1 両手のひらと両ひざをついて、四つんばいになります。手のひらをしっかり開き「パー」の形にすることで、指を痛める危険を防げます。

声かけ例

じゃんけんで「グー」より強いのは？

2

右手と左足を同時に前に出して1歩、逆の手足を前に出して次の1歩と進みます。あごを上げ、前を見て進みます。

〈バリエーション〉

大人と競争したり、ボールを転がして追いかけたり、『大きくてこわい犬が来た！ 逃げろ！』と後ずさってみたり。いろいろな動きをしてみましょう。

ママもうれしい！

全身を使うので大人のほうが先にギブアップしてしまうかも。腕や足のほかに腹筋も使うので、スリムアップ効果は大。疲れたからといって、おなかをだら～んとするとよけいに疲れますよ。

3歳からのあそび

支持力を育てる

くまさん歩き

「いぬさん歩き」よりも重心が前方に移り、腕にかかる負荷が大きくなります。

ひざをつかずに、腰を高く上げ、動き全体を「いぬさん歩き」（96ページ）より大きくするのがポイントです。慣れてくると速く歩くこともできますが、正しい姿勢を保っていないとつんのめりがちになるので、顔を上げてバランスをとるように注意してあげましょう。

1 立った状態から両手のひらをパーにして床につき、腰を上げて、両腕で体を支えます。ひざはつきません。

声かけ例

くまは大きいからゆっくり行こう。

2

顔を上げてしっかり前を見ながら、右手と左足を同時に前に出して1歩、逆の手足を前に出して次の1歩と進みます。動きに慣れてきたら、おもちゃなどのターゲットをどちらが早くとりに行けるか競争して楽しみましょう。

声かけ例

向こうにハチミツ発見！ とりに行くぞ！

ママもうれしい！

腕はもちろん、背中やお尻のエクササイズにもぴったりなあそびです。ふだんあまり意識しない背中をすっきりさせましょう。

3歳からのあそび

支持力を育てる

かえるさんとび

「かえるさんとび」ができるようになったら、とび箱も恐れずにとべるようになります。

「くまさん歩き」（98ページ）で重心を前にかけられるようになったら、その姿勢から両足をうしろにけり上げて、かえるのように進んでみましょう。一瞬ですが、腕だけで全身の体重を支えることになるので、「くまさん歩き」よりもさらに腕への負荷が大きくなり、腕の力が強くなります。

1

2

小さなかえるとび

「くまさん歩き」の姿勢から、いったん両手を床から離して少し前につき、次に両足をはね上げて手の近くで着地します。これをくり返して前に進みます。慣れてきたら、足のはね上げをだんだん高くし、なるべく手の近くに着地できるようにしていきます。

大きなかえるとび

床に両手を肩幅よりせまくつき、両足を開いてはね上げ、手よりも前で着地します。これをくり返して前に進みます。少し離れた場所に虫をイメージした小物を置いておき、競争してとりに行ってもいいでしょう。

声かけ例

かえるさんのエサをどっちが早くとりに行けるかな。

ママもうれしい！

腕や太ももがすっきり！ 股関節のストレッチにもなるので、立ち姿が美しくなるでしょう。目指せ、パンツ姿の似合うスレンダーママ！

3歳からのあそび

支持力を育てる

片足くまさん歩き

足をグンと上げて歩けるようになったら、側転ができる日も遠くありません。

腕の力をアップするあそびです。片足を上げた状態で進むので、腕にかかる力は「くまさん歩き」（98ページ）の2倍にもなります。くまさんがうしろ足をケガしたという設定で、子どもに片足を上げさせるといいでしょう。バランス感覚もアップします。

1 「くまさん歩き」を行う中で、くまさんが片足をケガしたことを伝えます。片足をなるべくひざを伸ばして高く上げ、あごを上げて前を見たポーズをとりましょう。

声かけ例

くまさんは片足をケガしちゃった。ケガした足は痛いから地面につけないんだよ。

2 両手をそろえて前についてから、片足で「くまさん歩き」の要領ではねるように進みます。足を高く上げたほうが、進みやすいです。

声かけ例

ケガした足が地面に当たると痛いよ！ しっかり上げて！

ママもうれしい！

上半身をスリムにしたいお母さんやお父さんにおすすめです。腹筋や背筋をかなり使います。上げる足は交互に交代して、筋肉をバランスよくきたえましょう。

3歳からのあそび

支持力を育てる

かえるの足じゃんけん

腕で体を支えながら、はね上げた両足を自由に動かしてじゃんけん勝負。

体を両腕の力だけで支えて足をはね上げ、自分で意識した形をつくるという、複数の動きをするかなり高度なあそびです。空中でバランスをとる感覚を養うこともできます。ゲーム性を持たせることで子どもは楽しみながら、必要な筋肉をきたえることができます。

1 まず、大人が見本を見せます。両手両足を床について「グー」「チョキ」「パー」のポーズをつくります。ひじを伸ばし、あごを上げて前を見ましょう。

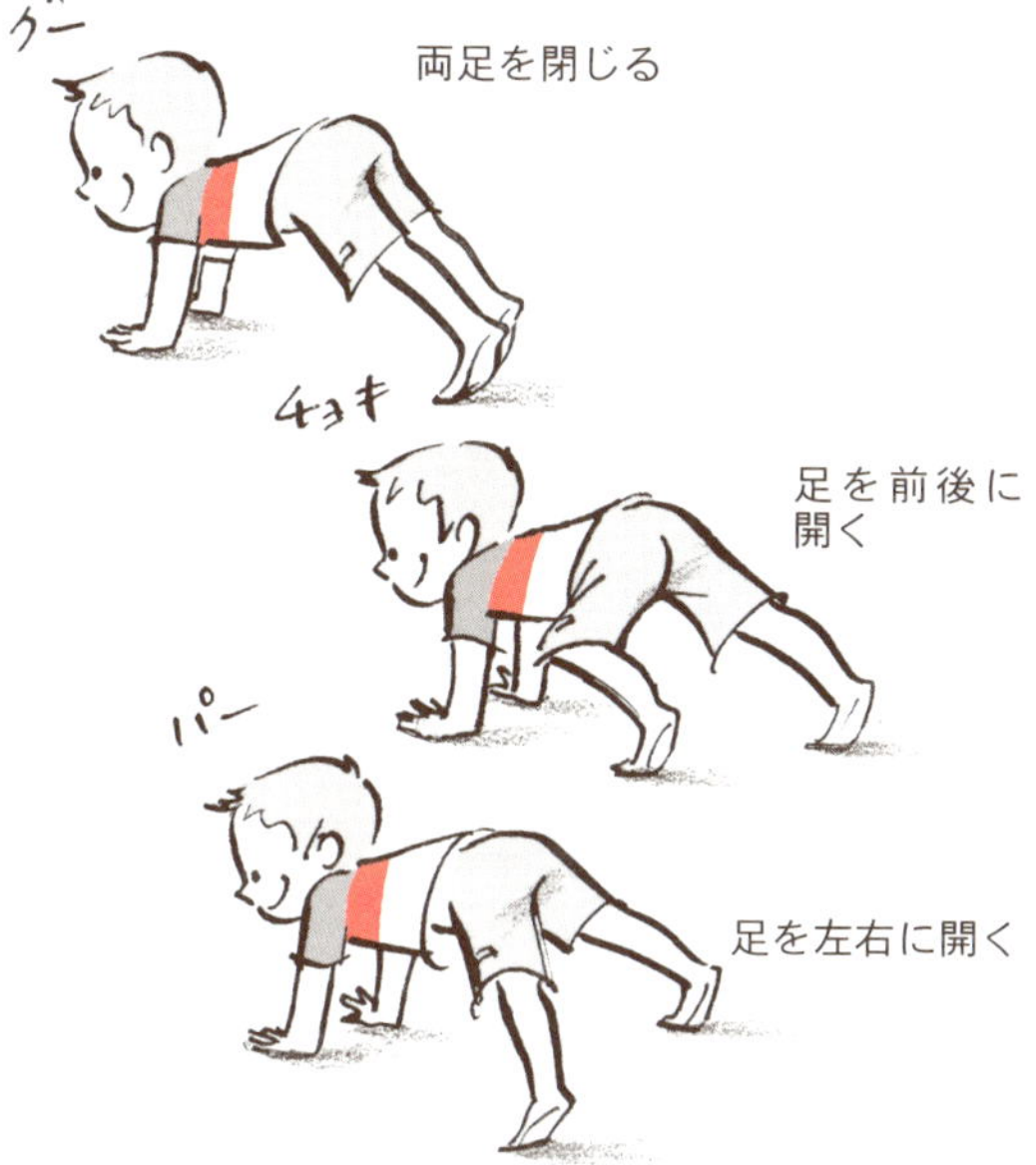
グー
両足を閉じる
チョキ
足を前後に開く
パー
足を左右に開く

2

子どもができるようになったら、じゃんけん合戦開始！ 向かい合って顔を見合わせたまま『じゃんけん、ポン』で両足をはね上げポーズをつくります。相手の顔を見ながら行うので、自然にあごが上がった姿勢を身につけることができます。

声かけ例

先に3回勝ったら優勝ね！

ママもうれしい！

ゲーム性が高く子どもは夢中になるかもしれませんが、これは相当な運動量があります。大人のほうが先にダウンしてしまうかも。疲れてくるとバランスを崩してしまうので、無理は禁物。

3歳からのあそび

支持力を育てる

クモの巣越え

側転の動きのミニチュア版。
あそびながら動きに慣れましょう。

1 長いヒモを用意し、イスの脚などを利用して、約15cmの高さで三角形に張ります。イスを利用する時は脚全部に巻きつけるようにしてクロスさせます。大人は中に入りクモになります。

声かけ例

このヒモはクモの巣だよ。触るとくっついてクモにつかまっちゃうよ。

両手を片方ずつ体の前について体を支え、次に足を上げて移動するという、側転の動きの流れを追うあそびです。両手をしっかりつき、足は最初はヒモをまたぐだけにして、次第にけりを強めて高く上げて越えるようにしていきましょう。利き足（ける足）によって回る方向は変わります。

2 子どもは三角形の一辺の外側に立ち、ヒモに触らないように、三角形の中に左手を手前に、右手を向こう側につきます。しっかり両手をついたら左足でジャンプして、右足から順に三角形の角を越え、隣の辺の外側へつきます。両手をしっかり伸ばし、背中をそらすようにして足を高く上げ、顔は下を向かず前方を見ます。

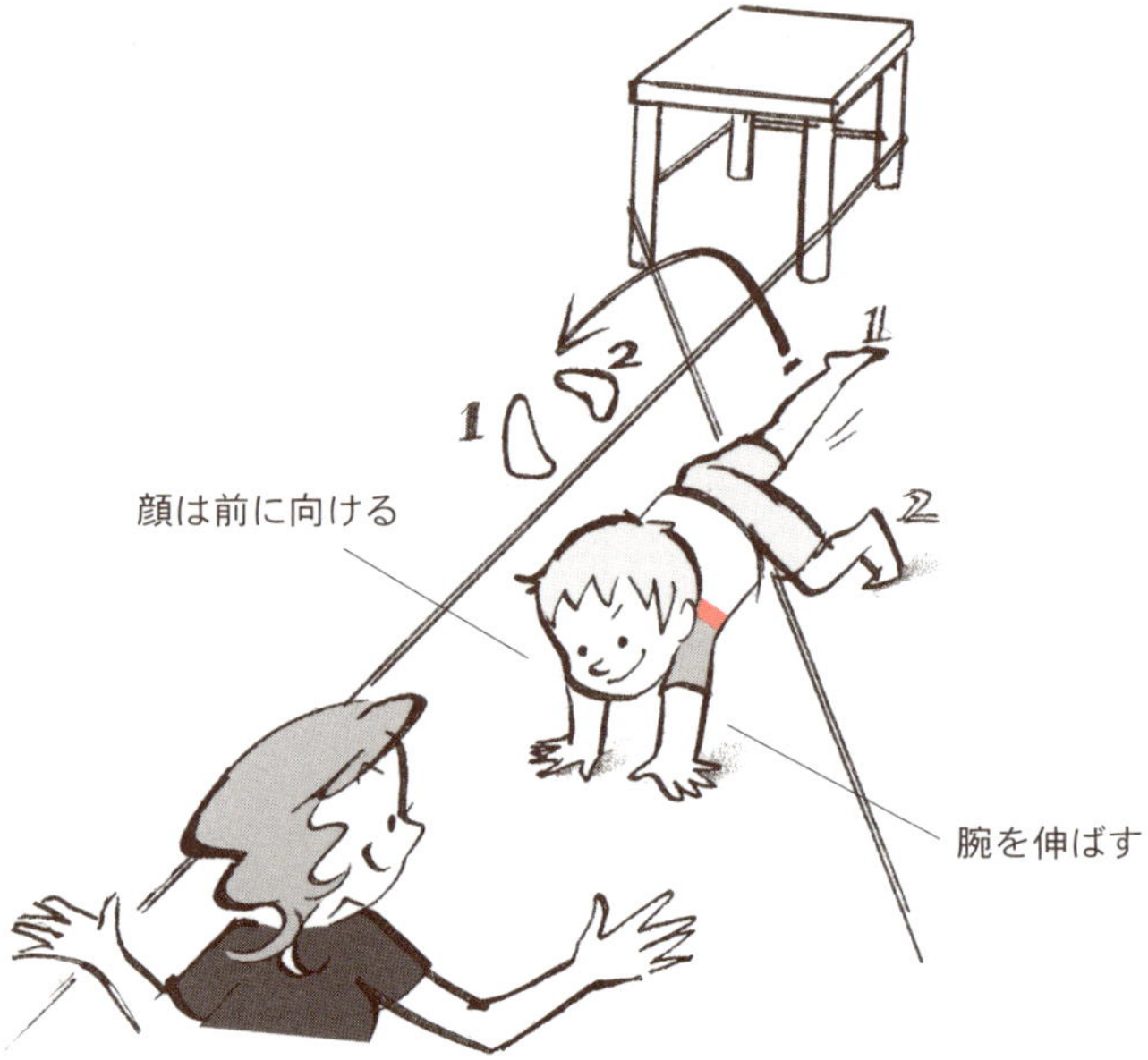

ママもうれしい！

ふだん使わない上腕部と肩の筋肉を使うので、肩こりなどに効果があります。自分の体重を腕で支えることになるので、無理はしないように。

3歳からのあそび

回転感覚を育てる

おいもゴロゴロ

幼児期のうちに身につけておきたい回転感覚を養うあそびです。

回転感覚が身についていると、マット運動や鉄棒が得意になるほか、車酔いをしないなどのメリットがあります。回転感覚が身につくのは10歳までと言われているので、幼児期にたくさん経験しておきましょう。指先を見るようにして回ると、目が回るのを防ぐことができます。

さつまいもゴロゴロ

布団などを敷いた上に寝転び、両手を頭の上に上げ全身を伸ばして横に転がります。このあそびの重要な点は、体がぶれずにまっすぐ横に転がること。斜めに転がったのでは意味がありません。声をかけて、子どもがあごを上げて回るように促しましょう。

声かけ例

指先を見て回ろうね。

じゃがいもゴロゴロ

ひざを肩幅に開いて両手で抱え、あごを上げて回ります。さつまいもよりも斜めになりやすいので、体をコントロールする力がより重要になります。回転するスピードを徐々にアップしていきましょう。

声かけ例

火が追いかけてきたよ。つかまったら焼き芋になっちゃう！

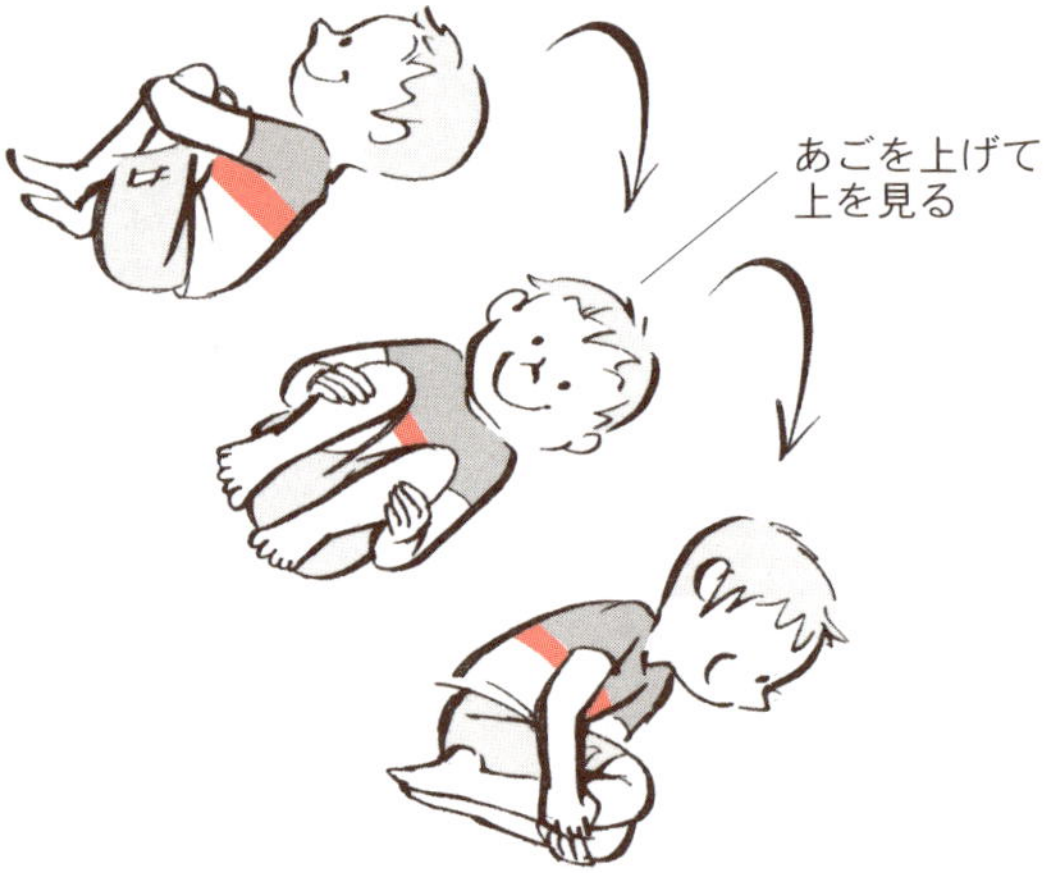

ママもうれしい！

ただ転がるだけと甘く見てはいけません。回転は意外と腹筋を使うものなのです。子どもと楽しく転がって、おなかをシェイプアップ！

3歳からのあそび

跳躍力を育てる

うさぎジャンプ

両足がそろわなくても、ジャンプしながら前に進めるようになればOKです。

ジャンプは歩く動作とはまったくちがう筋肉を使います。そのため子どもはドタバタジャンプになってしまいますが無理に直さないでとぶことを楽しみましょう。うさぎの耳をまねして両手を高く上げながらジャンプすると、上体が持ち上がってとびやすくなります。

1 うさぎの耳をまねて、両手を高く上げたポーズをとります。

声かけ例

耳が長くて、ピョンピョンはねる小さくてかわいい動物のまねをしてみようね。

2 うさぎのようにとびながら前に進みます。子どもは両足がそろわないドタバタジャンプでOK。とぶことを楽しむことが大切です。

声かけ例

本物のうさぎさんみたい！

ママもうれしい！

子どもといっしょになってジャンプすれば、ふだん使っていない筋肉が使われて気持ちいい！ 余分なぜい肉を感じることもできます。

3歳からのあそび

跳躍力を育てる

カンガルージャンプ

両足をそろえて
本格的なジャンプにチャレンジ！

1 両手はカンガルーの前足のように曲げて体の前に置き、両足をそろえてとびます。その場でとぶことができたら、前に進んだり、とびながら動いてみます。

声かけ例

カンガルーさんみたいにとんでみよう！ カンガルーさんは2本の足をつけてとぶよ。

ジャンプすることに慣れてきたら、ドタバタではなく両足をそろえてとべるようにしていきます。声かけを工夫して、両足をそろえる意識を持たせるようにしましょう。内股に「ここに魔法のノリをぬってあげる」と、何かをぬるまねをすると、不思議と子どもの足がそろいます。

2

部屋の端にぬいぐるみなどを置いておき、カンガルーの赤ちゃんに見立てます。名づけて、「カンガルーの赤ちゃん救出大作戦」。大人も子どももカンガルーの親になり、ぬいぐるみをとりに行き、おなかに抱えて運んできます。どちらがたくさん救出できるか競争しましょう。

ママもうれしい！

前方へ進みながらジャンプすることで、太ももの筋肉と、大臀筋というお尻の筋肉をきたえることができます。ヒップアップに効果大！

3歳からのあそび

跳躍力を育てる

グーパーとび

つま先でジャンプしながら、足を開いたり閉じたりする複合した動きを行います。

1 20cmほど間隔をあけた2本のヒモをまっすぐ伸ばして床に置きます。両足をヒモの中に置き（グー）、次につま先でジャンプをして足を開き、かかとを上げてヒモの外に着地します(パー)。かかとを上げたまま中と外へのジャンプを交互にくり返します。

かかとを上げたまま、つま先でとび上がりつま先で着地する、ジャンプの基本の動きを身につけていきます。ひざを曲げて前屈みの姿勢をとると、足への負担が軽減されます。かかとを上げるとバランスが崩れやすいのですが、こわがらず勢いをつけてスピードを出した方がうまくいきます。

2 「グー」「パー」と声をかけながら、声に合わせて前にとび進みます。音楽に合わせてテンポやリズムを変えてとんでも楽しめます。

声かけ例

かかとをつけたら負けよ。

ママもうれしい！

つま先だけでのジャンプになるので、お母さんの両足首もキュッと引き締まります。太もも、ふくらはぎの引き締めや、さらにヒップアップ効果も期待できます。

3歳からのあそび

跳躍力を育てる

波をジャンプ

動くものを目で捉えて、
その動きにタイミングを合わせてジャンプします。

1 なわの片端をテーブルの脚などに結び、もう片方を大人が持ち、なわを横や縦に細かくふりながら子どもに近づいていきます。子どもは足がなわにぶつからないようにジャンプします。とぶタイミングをつかみやすいように、『1・2・3・それ！』などと声をかけてあげましょう。

自分のタイミングだけでとぶのではなく、動いているものを捉えて、タイミングを合わせてとぶ力をつけます。なわをとぶスリルを楽しんだり、なわにかからずにとぼうという意欲もわいてきます。最初はなわの動きを小さく、次第に大きくしてあげましょう。

2

今度は子どもの体の正面をなわの持ち手に向けさせます。なわを左右に揺らし、それをとぶように教えます。子どものとぶペースに合わせて、ゆっくりなわを揺らしましょう。

ママもうれしい!

なわをとぶ人と、揺らす人の息が合わないとうまくとべないのがなわとび。子どもとのコミュニケーションをはかるのに最適です。

3歳からのあそび

跳躍力を育てる

大波ジャンプ

回っているなわの動きを捉えながら連続とび。予測力と反射能力が身につきます。

1 なわの両端を大人が持ってゆっくり回します。子どもは体の正面を大人に向け、なわを回す手となわを目で追い、なわが下にきたらジャンプします。大人は子どものとぶようすを見て、回す速度や回数を調整しましょう。

声かけ例

ママの手を見ていると上手にとべるよ。

なわをとんだ回数を『1回、2回』と数え、次第に連続でとべるように続けてなわを回していきましょう。とび慣れてきたらなわを回す速度に変化をつけると、盛り上がります。なわを捉えることで、予測力と反射能力を養うことができます。

2 なわを連続でとべるようになったら、なわを回すのを速くしたり遅くしたりして、楽しみましょう。

声かけ例

今度はママと交替。ママは何回とべるかな？

ママもうれしい！

大人は子どものジャンプするタイミングに合わせてなわを回さなければいけないので、お父さん、お母さんの脳の活性化にも効果が期待できます。

3歳からのあそび

懸垂力を育てる

ぶらぶらおさるさん

自分の体を握力と腕力で支える感覚を養います。
高所感覚にも慣れましょう。

鉄棒や渡り棒などの固定遊具を使ってぶら下がる力を養います。最初は自分の体を支えてぶら下がるだけでも大変ですから、落ちてもこわがらないよう、地面からあまり離れない程度の高さの鉄棒からはじめましょう。背すじが伸びて姿勢がよくなる効果も期待できます。

1 子どもの体を持ち上げて、鉄棒や渡り棒をしっかりにぎらせます。子どもがこわがっていないようならゆっくり手を離し、『いーち、にー、さーん』と数えてあげます。

声かけ例

すごいねー、おさるさんみたいだよ。

2 慣れてきたら、大人もいっしょにぶら下がり、どちらが長くつかまっていられるか競争しましょう。

声かけ例

ママはもう落ちそう！

ママもうれしい！

いっしょになって鉄棒にぶら下がると背すじが伸び、気分すっきり！ 背骨や腰骨のゆがみが治り、肩こりや腰痛などさまざまな体の不調が解消する効果が期待できます。

すずめさんポーズ

鉄棒の上に体を持ち上げ、鉄棒の上で体を支えます。
逆上がりへの第一歩！

1 鉄棒をにぎって両足でジャンプし、体を持ち上げます。下腹部を鉄棒にのせられるまでジャンプを練習します。はじめは大人が体を持ち上げるのを手伝ってもいいでしょう。体が上がったら腕を伸ばし、おなかを鉄棒につけて体を支えます。

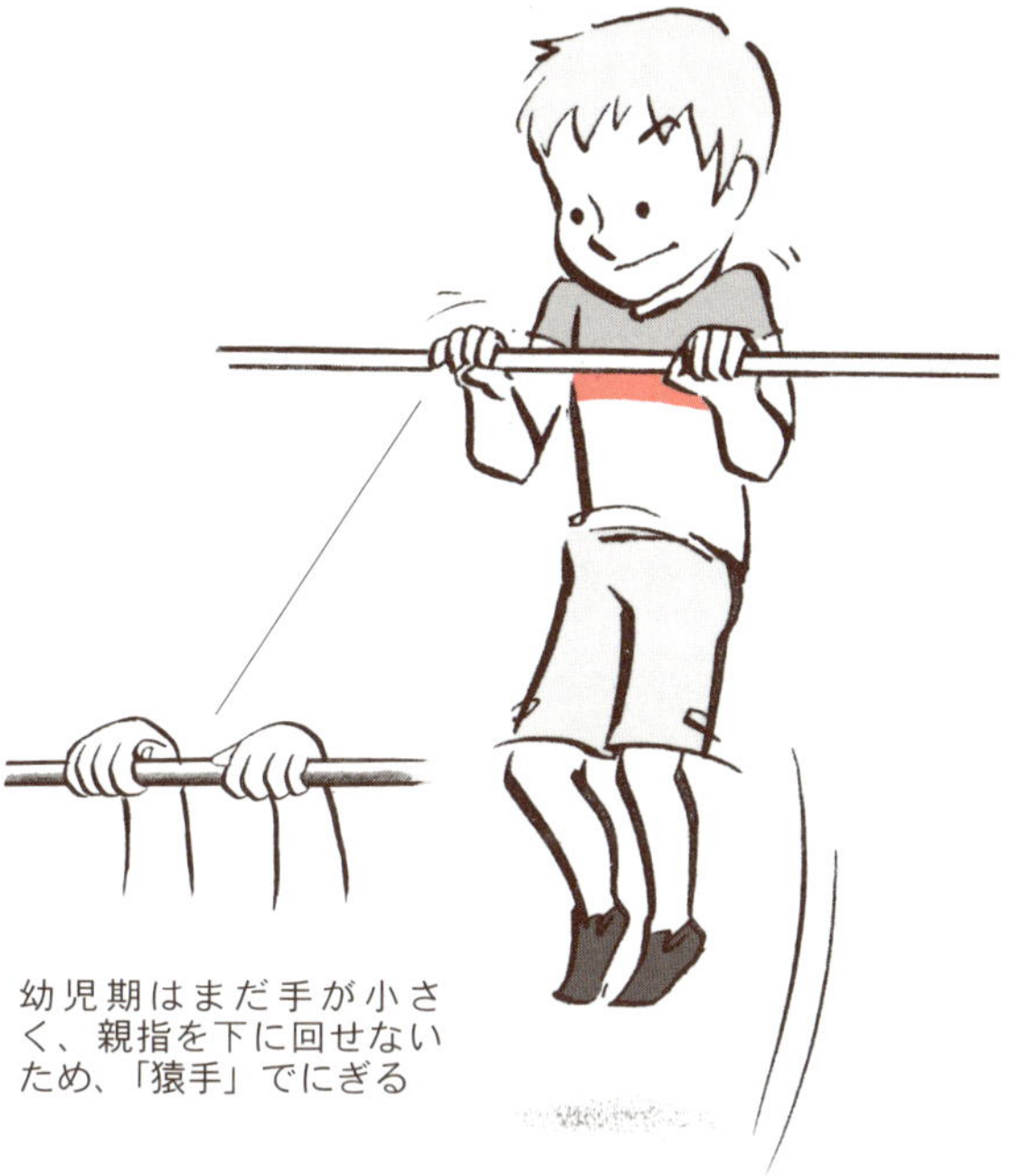

幼児期はまだ手が小さく、親指を下に回せないため、「猿手」でにぎる

ジャンプして体を持ち上げ、そのまま腕で支えるという複合した運動になるので、できるまでには時間がかかるかも。最終的には、電線にとまったすずめのポーズを目標にします。きれいなポーズをとるためには全身の筋肉を使うので、子どもにとってはむずかしいあそびです。

2

おなかを鉄棒につけて胸をそらし、顔は空を見ます。両足はつま先までそろえて伸ばします。これですずめさんが電線にとまっているポーズの完成です。どちらがかっこいいポーズかを子どもと競いましょう。

声かけ例

どっちがかっこいいすずめさんポーズかな。

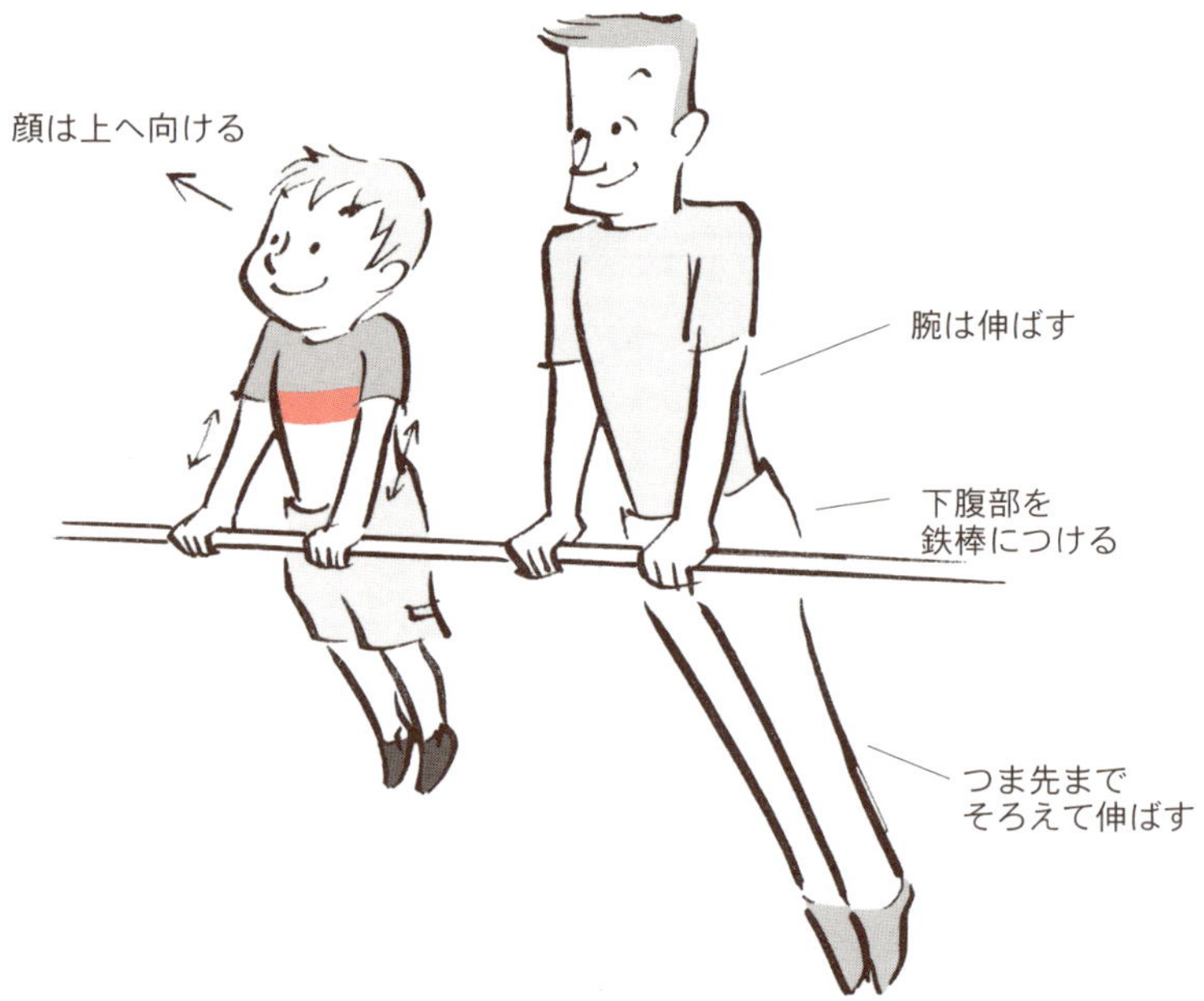

顔は上へ向ける
腕は伸ばす
下腹部を
鉄棒につける
つま先まで
そろえて伸ばす

ママもうれしい！

鉄棒は腕だけでなく、胸の筋肉も使うのでバストアップにもつながります。背すじもピン！と伸ばしてみましょう。意外に気持ちいいものですよ。

3歳からのあそび

懸垂力を育てる

おさるさんじゃんけん

鉄棒に逆さになってじゃんけんぽん！
楽しみながら三半規管をきたえます。

1 鉄棒をしっかり両手でにぎり、柱に足をつけてよじのぼります。両足をしっかりと鉄棒にからめるようにかけて、両腕を伸ばしてぶら下がります。逆さ感覚を養うために、頭を下に向け、地面を見ることに慣れましょう。

運動をする際にこわがる子どもは、逆さになったり回転した経験が少ないという傾向があります。子どものうちにどんどん経験を積めば、三半規管（平衡感覚を司る内耳にある感覚器官）がきたえられて、はじめてのスポーツにもチャレンジしやすくなり、車酔いにも強くなります。

2 今度は片手を離してじゃんけんします。負けた人は鉄棒から下り、再びよじのぼってじゃんけんに挑戦。3回先に勝ったほうが勝ちとします。

ママもうれしい！
ママも恥ずかしがらずに挑戦しましょう！ 両手両足を使ったぶら下がり運動は、肩や背中の筋肉のストレッチに効きます。

3歳からのあそび

懸垂力を育てる

こうもりさんポーズ

逆さ感覚とともに回転感覚も身につけます。これで逆上がりはばっちり！

両ひざを鉄棒にかけ、上半身を伸ばして逆立ちのような逆さ感覚を経験します。鉄棒にかけていた両ひざをぬくと自然に体が回転して、本格的な鉄棒運動ができるようになります。はじめて手を離す時はこわがる子どもが多いので、そばで体を支えてあげましょう。

1 鉄棒を両手でしっかりにぎります。両手の間に両ひざをかけます。

2

ゆっくりと両手を離して逆さにぶら下がります、顔は下に向け、地面を見ましょう。再び鉄棒をにぎり、ひざをはずして胸のほうに引きつけると自然に体が回転して着地までもっていけます。

声かけ例

こうもりさんのポーズができました。

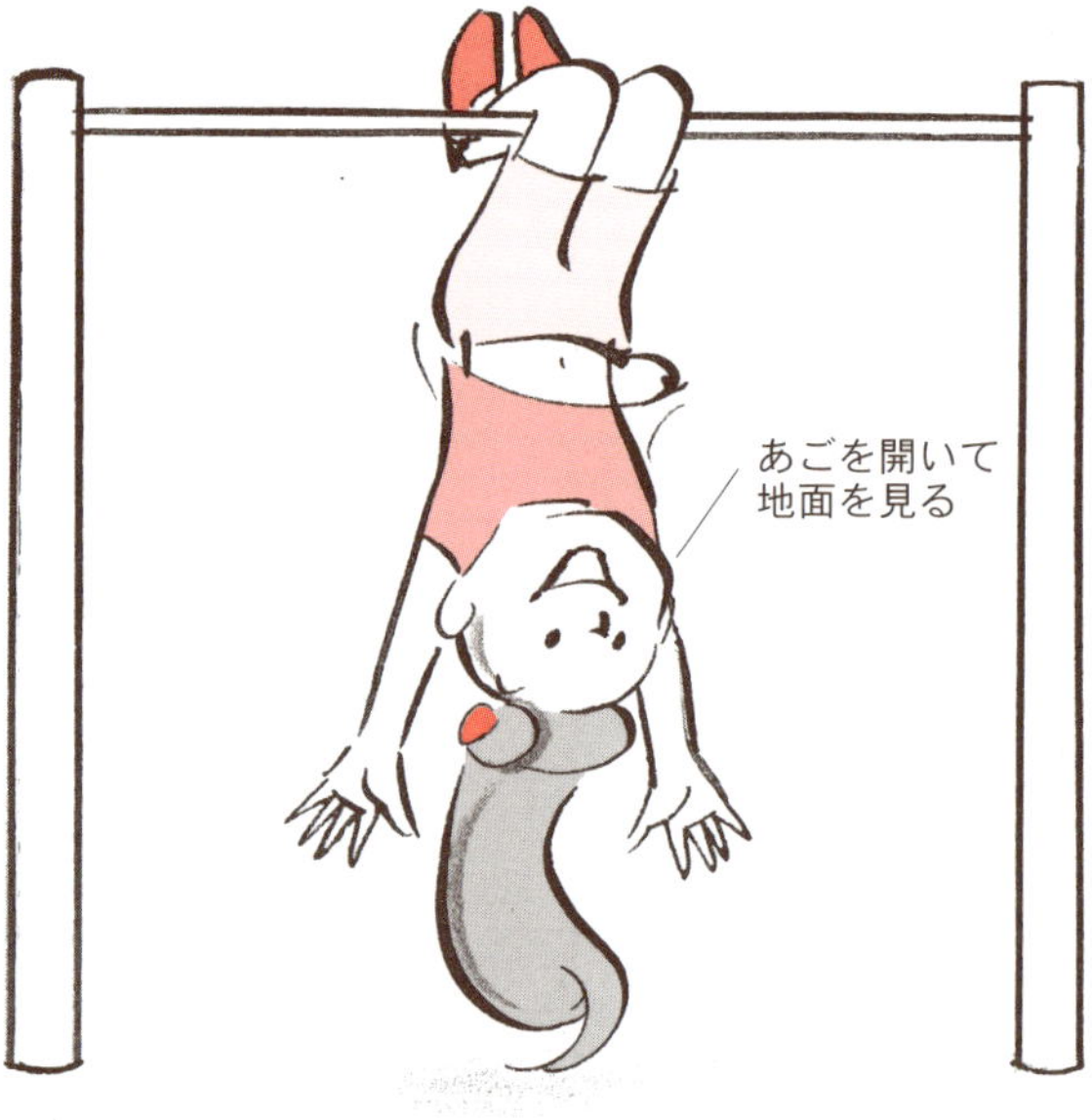

※両手を離すのはかなりむずかしい運動になります。子どもがこわがるようなら無理して離さず、顔を地面に向けるだけでも十分です。

ママもうれしい！

逆さでぶら下がる時は地面をしっかり見ること。下りるときは最後まで鉄棒から手を離さないように注意しましょう。お母さんも肩の周りの筋肉がよく動いて肩こり解消につながります。

チャレンジ編

子どもの大きな自信につながる

最終目標の側転・開脚とび・逆上がりに挑戦！

子どもは動けるようになると、どんどん新しい動きをしようとします。むずかしいことにチャレンジしていくのも子ども本来の姿です。ひとつの技を完成させるということは達成感があり、大きな自信にもなりますから、左のページにあげた「必要な力」がそろったと思ったら、技の完成に挑戦してみましょう。もしうまくいかなかったら、どの力が不足しているのかチェックしてみてください。

発達的に見て、低年齢では複合的な動きはむずかしいので、小学校入学時までにできればいいと考えましょう。年長児になったら「親子でむずかしいことをやり遂げた」ということもいい思い出になるはずです。

側転

必要な力

支持力
＋
回転感覚
＋
平衡感覚

事前にチェック

支持力を育てる「クモの巣越え」、「片足くまさん歩き」、回転感覚を育てる「おいもゴロゴロ」を楽しんであそべるようになってから、側転をめざす次のステップに挑戦しましょう。

STEP 1 **ひよこの逆立ち** P.130

STEP 2 **側転** P.132

開脚とび

必要な力

支持力
＋
跳躍力

事前にチェック

支持力を育てる「かえるさんとび」、跳躍力を育てる「うさぎジャンプ」や「カンガルージャンプ」を楽しんであそべるようになってから、開脚とびをめざす次のステップに挑戦しましょう。

STEP 1 **かえるの山のぼり** P.134

STEP 2 **かえるのひと休み** P.136

STEP 3 **開脚とび** P.138

逆上がり

必要な力

懸垂力
＋
支持力
＋
回転感覚
＋
逆さ感覚

事前にチェック

懸垂力や支持力、逆さ感覚を育てる「すずめさんポーズ」や「こうもりさんポーズ」ができるようになったら、逆上がり成功はもう間近。はじめは大人が補助について挑戦しましょう。

逆上がり P.140

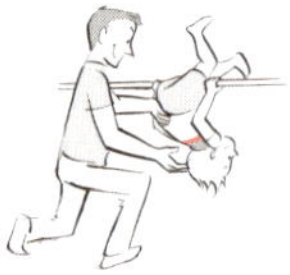

チャレンジ編

側転に挑戦！

STEP 1

ひよこの逆立ち

腕だけで体を支え、何秒静止していられるかな？支持力が試されます。

両足を地面から離し、腕だけで体を支えるという、非日常的な体勢で静止します。支持力やバランス感覚が備わっていないとできないポーズです。ひざをひじの外側につけることでバランスがとりやすくなります。何秒静止していられるか、ゲーム感覚で楽しみましょう。

1

両手を肩幅に開き、指をパーの形にして床につきます。あごを上げて斜め前に視線をおきます。両ひざを両ひじの外側につけ、かかとを上げてしゃがみます。

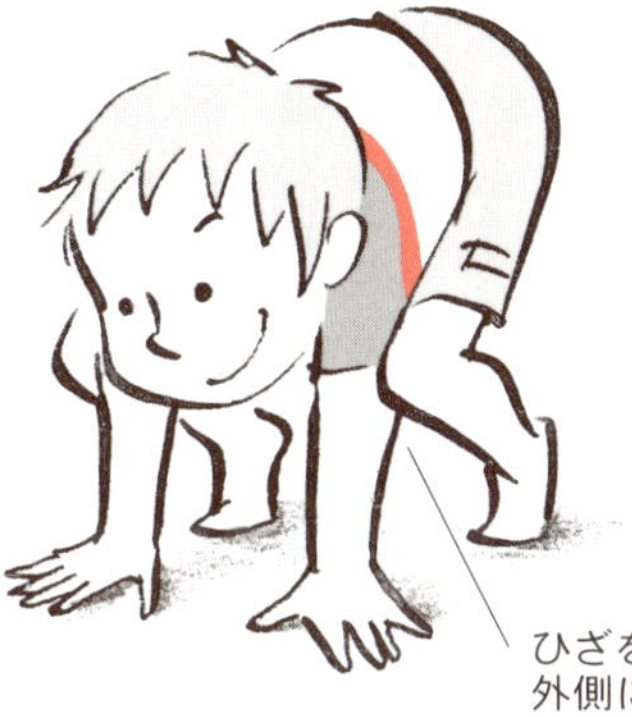

2 両腕で体を支えながらゆっくり腰を上げ、つま先を床から離した体勢で静止。ひざを腕の外側にかけるようにすると、下半身が安定してバランスがとりやすくなります。大人は何秒静止していられるかをカウントしてあげましょう。

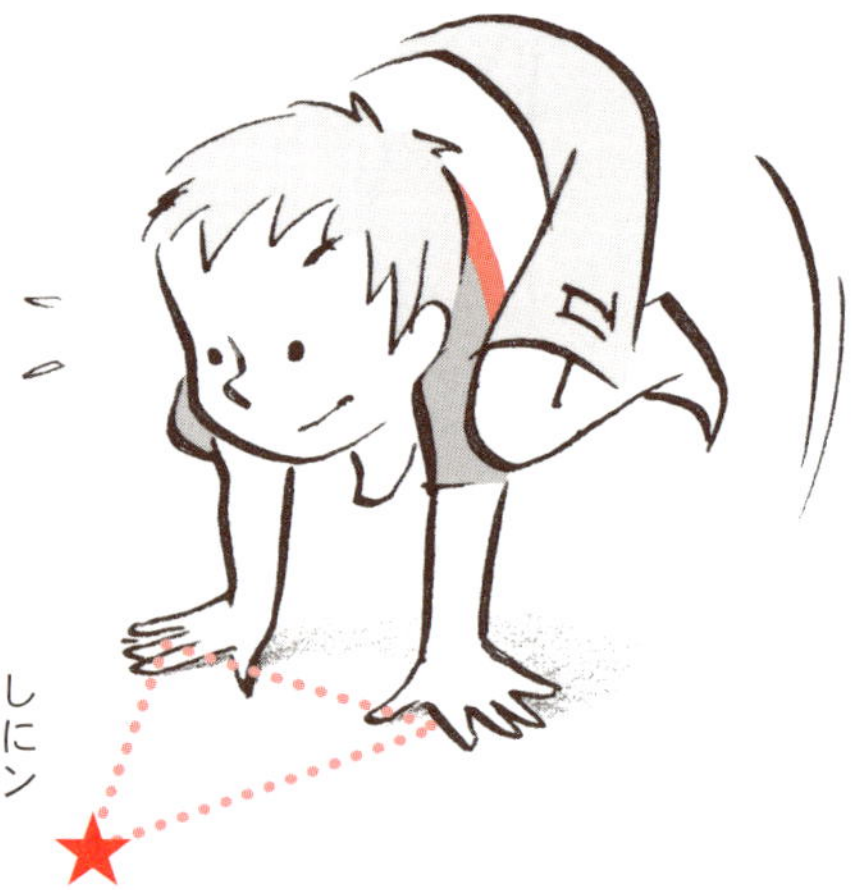
両手の間を底辺にした正三角形の頂点に視点をおくとバランスがとりやすい

Lesson Point

ひよこの逆立ちができるようになると、すぐに倒立（逆立ち）をさせたくなりますが、幼児の肩はまだ未熟です。負荷の大きい倒立は８歳を過ぎてからにしましょう。

側転

体を支える力と回転感覚が身についていると、自然にできるようになります。

いよいよ、支持力の完成型、側転に挑戦です。「片足くまさん歩き」（１０２ページ）の足を高くふり上げる動きを思い出してから行いましょう。はじめは大人が回転を補助してあげましょう。ひざが曲がっていたり、きれいに着地できなくても、くり返すうちに形もきれいになっていきます。

1 両足を肩幅に開き、両手を上に伸ばします。大人は子どもから１歩離れた背中側にポジションをとり、支える用意をします。

2

手を体の横に出して床につき、両足をふり上げて横に回します。回る時はあごを上げて前を見るようにします。大人は両手で子どもの腰をおさえ、回転を助けます。

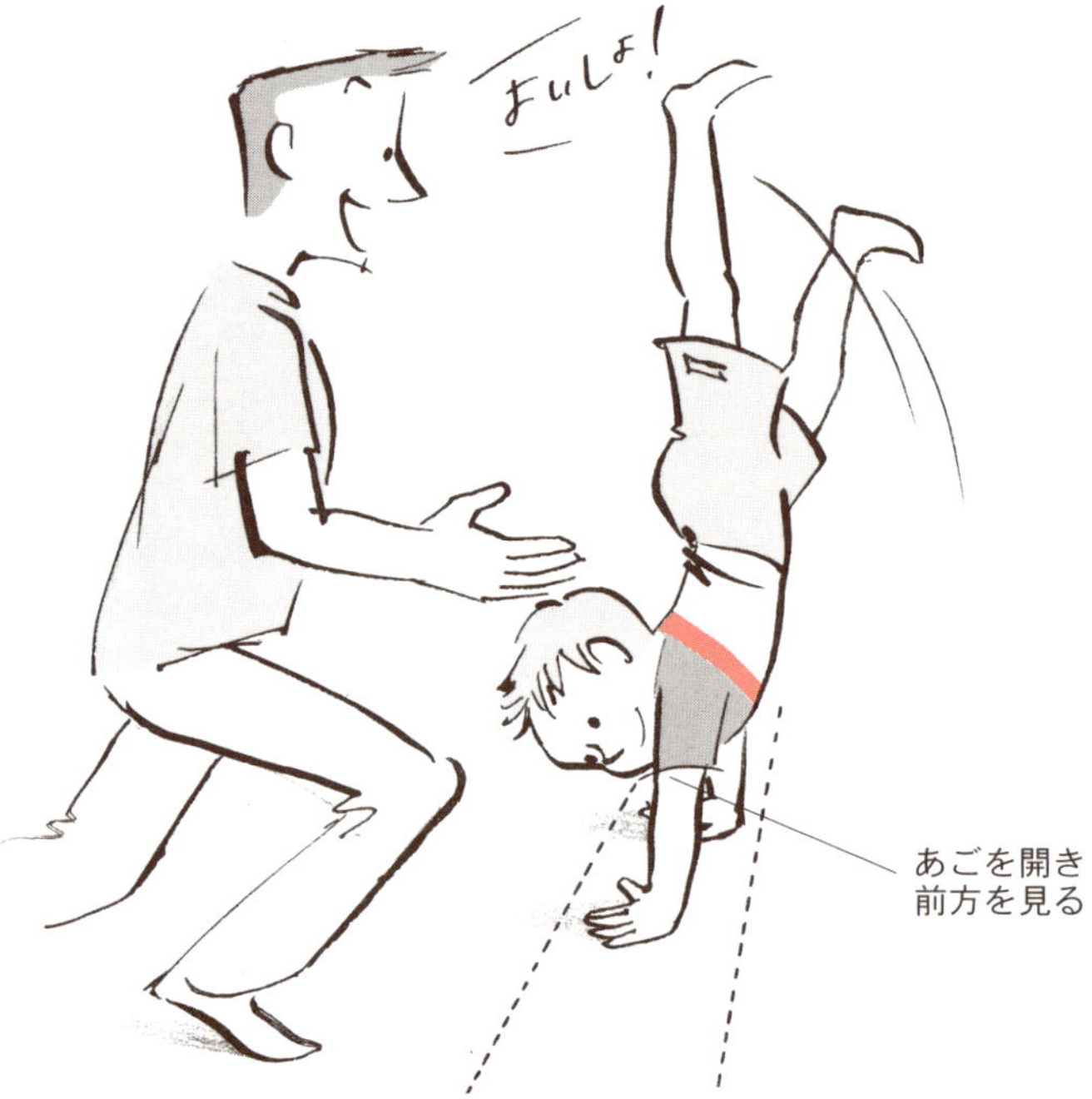

Lesson Point

きれいな側転のためには足を高くふり上げることのほかに、両手両足の着地点が一直線上になっていることがポイント。床にテープなどを貼り、その上に手足がつくように練習しましょう。

チャレンジ編

開脚とびに挑戦！ STEP 1

かえるの山のぼり

かえるさんとびで高さのある台をジャンプします。高いところに体を持っていく感覚をつかみます。

100ページの「かえるさんとび」の要領で、高いところに手をつき、体を持ち上げます。台にとび上がり、ひざを曲げて腰を落とした状態で止まります。次第にひざを伸ばして止まれるようにしていくと、腰の位置が高くなり、開脚とびに必要な前傾姿勢でのバランス感覚が身につきます。

1 両足をそろえて台の前に立ち、台の前方に手をつきます。手をついたらつま先でジャンプして両足を開き、手の外側について止まります。

両手をつけて
着手する
ひざを曲げ
腰を落とす
足は手の
外側につく
BEER

※家庭ではとび箱の代わりに、高さ30cm程度の台などを用意してください。

2 今度は、台の上でひざを曲げずに止まります。腰の位置が高くなり、前のめりの不安定な姿勢になるので、万が一の時のために、大人は台の近くにいて支えられるようにしてあげましょう。

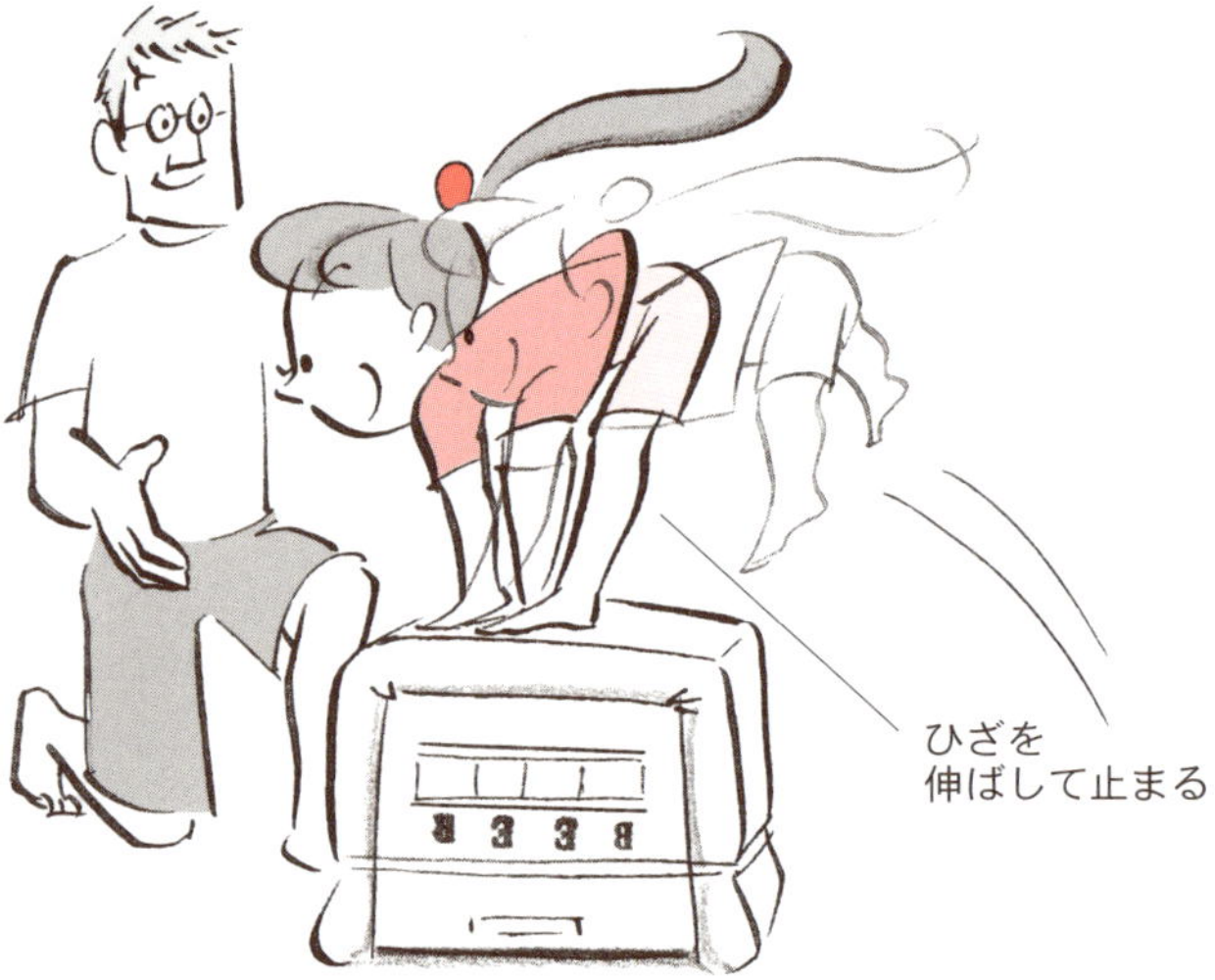

Lesson Point

ひざを伸ばすことにより、全身の重心が前方へ移動するので、大人はかならず台の斜め前方に補助に入り、落下した場合、胸に手を入れ顔面からの落下を防いでください。

チャレンジ編

開脚とびに挑戦！ STEP 2

かえるのひと休み

あえて、とび箱の失敗の形をさせることで、苦手意識や恐怖心をとりのぞきます。

とび箱が苦手な子は、お尻をぶつけて痛い思いをして、恐怖心を募らせていることが多いです。ここでは、あえて台の上にお尻をつかせ、恐怖心や苦手意識をなくします。前ページの「かえるの山のぼり」で自然に台をとびこえてしまったなら、このステップは省略してもOKです。

1 両足をそろえて立った姿勢から台の前方に両手をつき、つま先でジャンプして足を開き、そのまま台の上に腰かけます。

パパの背中で

パパの背中を使うと子どもも大はしゃぎ。お父さんはなるべく背中を平らにしてあげましょう。

Lesson Point

あまり勢いよく行うと、前方へ落下する危険があります。踏み切りを少し弱く、しっかりと背中に止まれるように注意してください。

チャレンジ編

開脚とび
に挑戦！
STEP 3

開脚とび

助走をつけず両足ジャンプでとびます。
ここまでできると、子どもには大きな自信になります。

「かえるの山のぼり」ができるようになると、特別教えなくても開脚とびができるようになっています。本来なら幼児用のとび箱2～3段を使いますが、大人が横向きにうずくまり（高さ約30㎝）とび箱代わりになってもＯＫ。子どものレベルに合わせて、高さを調節していきましょう。

1 とび箱の前に立ち、両足をそろえて台に手をついたらつま先でジャンプし、体重を前に移動すると同時に両足を開きます。

2 ついた手を強く押して体を前に運び、ひざをしっかり曲げて着地します。

Lesson Point

助走はつけずに、両手を台についてからしっかりと体を支持することが大切です。この時、着手の位置は狭くして、顔は前方を見ながら行わせてください。

チャレンジ編

逆上がりに挑戦！

逆上がり

逆上がりはぶら下がる力＝懸垂力がポイント！
高所を恐れない幼児期に挑戦してみましょう。

足を地面から離して空中で回る逆上がりは、とてもむずかしい運動で、恐怖心を抱く子どももいます。しかし、この高所空間での動きを体感すると、子どもの世界観は大きく広がり、自信もついて、どんどんダイナミックな動きができるようになっていきます。人生で一番身軽な時期に逆上がりをマスターしましょう。

1 鉄棒を逆手でにぎり、ひじを曲げて体を鉄棒に近づけます。大人は子どもの回転を補助できる位置にポジションをとります。

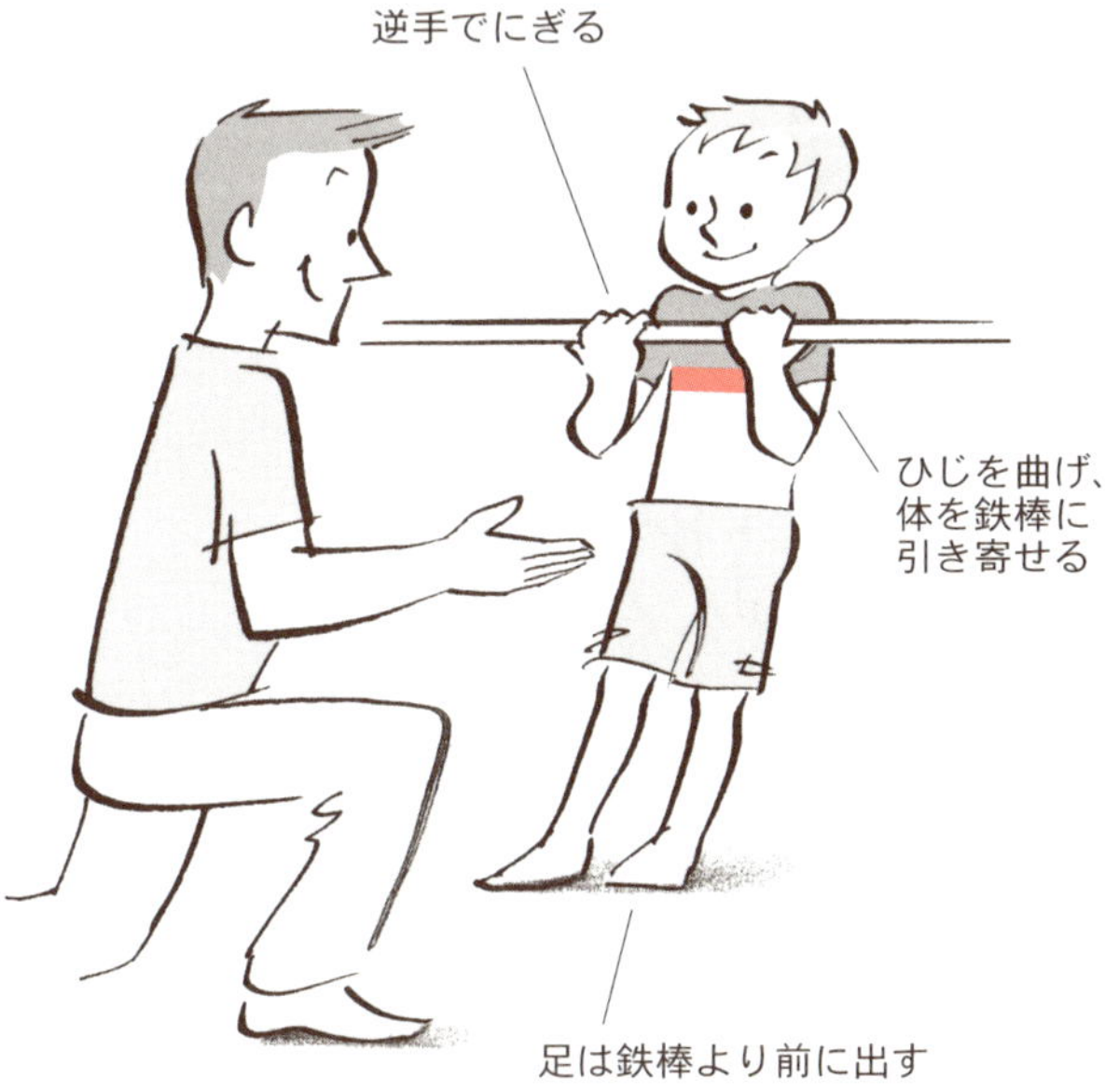
逆手でにぎる
ひじを曲げ、体を鉄棒に引き寄せる
足は鉄棒より前に出す

2

足を鉄棒より前に出したところからけり上げ、同時に腕に力を入れて鉄棒に体を引きつけて回転します。大人が子どものお尻を持ち上げて回転を補助してあげると、子どもは力を入れるタイミングや回り方のコツを習得できます。

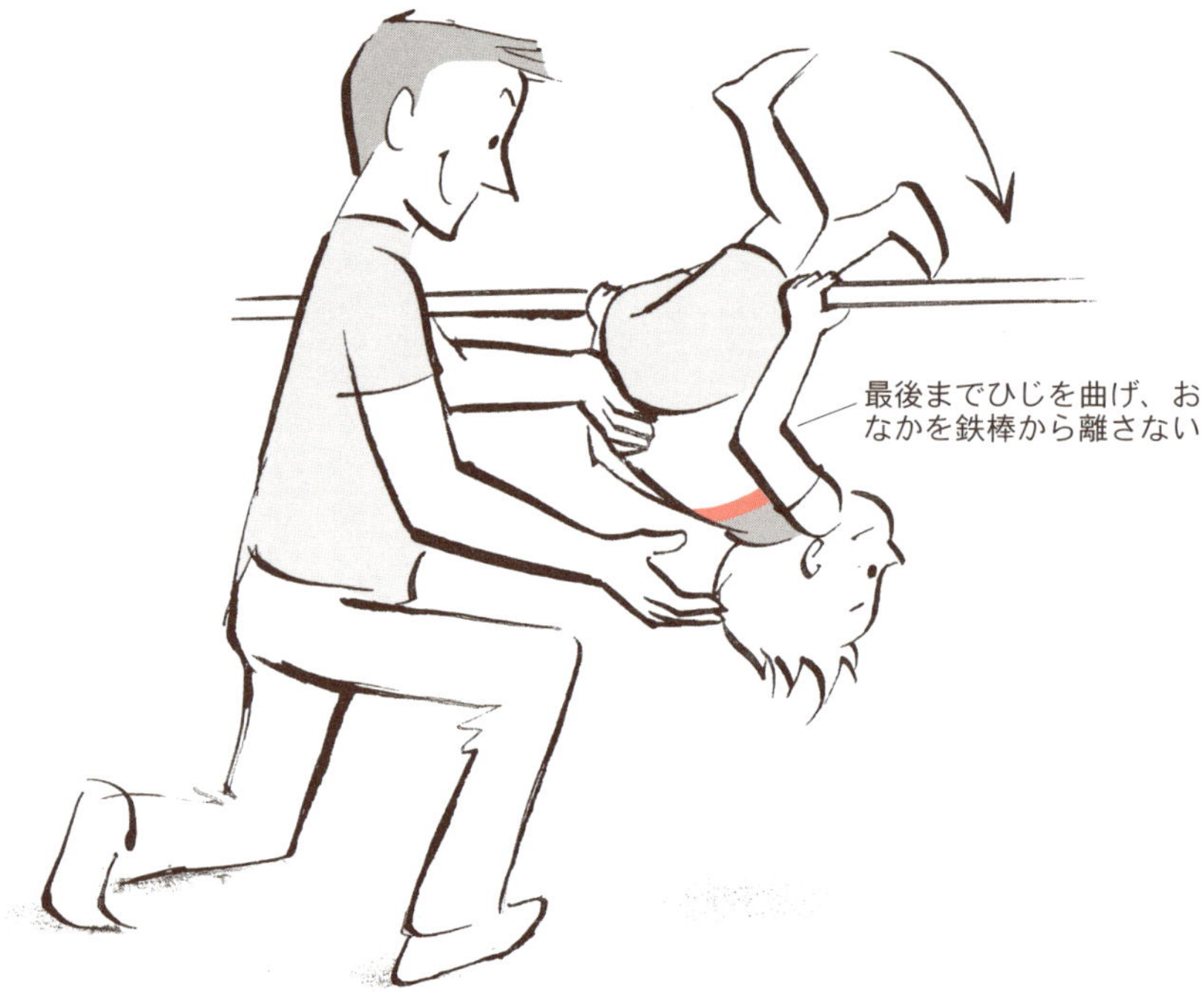
最後までひじを曲げ、おなかを鉄棒から離さない

Lesson Point

ひじを最初から最後までしっかり曲げておくことがポイント。ひじが伸び、体が鉄棒から離れてしまうと回ることができません。ひじを曲げたまま足が頭の上を通るようにふり上げます。

あとがき

21世紀をむかえた現在、日本の子どもたちにいろいろな問題が起きています。いじめや不登校、キレやすいという心の問題と、肥満や高脂血症、運動ぎらいといった体の問題を抱えています。その原因を突き止めるため、脳科学の専門家とともに子どもの大脳活動を調査した結果、1970年以降日本の子どもの脳に発達の遅れが出てきていることがわかりました。遅れの見られたのは脳の前頭葉の部位（前頭前野）で、ここは人間らしさを司る重要な部分であり、自制心・理性などをコントロールするところです。ここが未発達ということと、子どもたちのさまざまな問題は大きく関係しているということです。

子どもの脳に遅れが見えはじめた1970年代といえば、高度成長に伴ない車が急速に普及し子どもが交通事故の犠牲者となり、外あそびが危険であるという概念が定着しはじめ、この頃から子どもが群れをなして活発に全身を使った動的なあそびから、室内での静的なあそびに移行した時期です。私は静的なあそびの環境が、コミュニケーション不足を起こし、その結果、脳の発達の遅れに結びついていると考えました。

運動量とコミュニケーション能力を昔の状態に戻す目的で、運動が活発にできるようになれば、昔のように目を輝かせた子どもが育つのではないかという仮説を立て、２００1年に脳科学者の協力を得て、私が開発した子ども専用の運動プログラムを用い、８００名の保育園児に運動好きになるよう支援してみました。その結果、現在の環境においての運動支援が心と体の発育に有効であるということが科学的に示唆されました。

体を動かしながら元気よくあそぶことで仲間とのつき合い方を学ぶのが子どもの仕事。これを哲学的な言い方をすると「最初の他者は自分の体」ということになります。最初の他者である自分の体は、他者と同じように自分の思うようには動きません。しかし意欲を持って臨むことで自分の思い通りにコントロールすることが可能になるはずです。体とそういうつき合い方をしなければ、他者とのつき合い方のモデルにはなりません。この本を読んでいただいているお母さん・お父さん、あなたのお子さんが将来、社会性を身につけだれとでも仲良く自信を持って生活していくことを望むなら、運動が大好きで人とのかかわりが好きというお子さんに育ててください。現在、希薄になっているコミュニケーション能力を高めるためにも、この本を参考に親子あそびにチャレンジしてみましょう。親が意欲を持って臨むことで、お子さんも運動好きな子どもになれますよ。

２００6年7月　柳澤秋孝

●参考文献

間藤侑・加藤忠之「図説幼児の体育指導」（日本文化科学社／1970年）
調枝孝治「体育の科学」（体育の科学社／1985年）
小林登「子ども学」（日本評論社／1990年）
寺沢宏次「子どもの脳に生きる力を」（オフィスエム／2001年）
篠原菊紀「僕らはみんなキレている」（オフィスエム／2001年）

子どもの心と頭をきたえる

親子あそび

2006年 8 月 4 日　初版発行

著　者　柳澤秋孝（やなぎさわ あきたか）
編　集　丸山一十三（まるやま ひとみ）
　　　　新紀元社編集部
デザイン　毛利将範
イラスト　西谷直子
協　力　毛利江見子

発行者　大貫尚雄
発行所　株式会社新紀元社
〒101-0054
東京都千代田区神田錦町3-19　楠本第3ビル4F
TEL：03-3291-0961
FAX：03-3291-0963
http://www.shinkigensha.co.jp
郵便振替　00110-4-27618

DTP　株式会社明昌堂
印刷・製本　東京書籍印刷株式会社

ISBN4-7753-0491-7